清末民初文獻叢刊

庸書

［清］陳熾　撰

朝華出版社
BLOSSOM PRESS

圖書在版編目（CIP）數據

庸書 / (清) 陳熾撰. -- 北京 : 朝華出版社,
2018.4
(清末民初文獻叢刊)
ISBN 978-7-5054-4230-6

Ⅰ. ①庸… Ⅱ. ①陳… Ⅲ. ①政治制度史－中國－清後期 Ⅳ. ①D691.2

中國版本圖書館CIP數據核字(2018)第042462號

庸 書

作　　者 [清]陳　熾

選題策劃 楊麗麗　尚論聰
責任編輯 樓淑敏
特約編輯 齊　芳
責任印制 張文東　陸競贏
封面設計 劉敬偉

出版發行 朝華出版社
社　　址 北京市西城區百萬莊大街24號　**郵政編碼** 100037
訂購電話 （010）68996618　68996050
傳　　真 （010）88415258（發行部）
聯系版權 j-yn@163.com
網　　址 http://zhcb.cipg.org.cn
印　　刷 藝堂印刷（天津）有限公司
經　　銷 全國新華書店
開　　本 880mm×1230mm　1/32　**字　　數** 103千字
印　　張 14
版　　次 2018年4月第1版　2018年4月第1次印刷
裝　　別 精
書　　號 ISBN 978-7-5054-4230-6
定　　價 100.00元

出版前言

中國自一八四〇年鴉片戰争以來，傳統的農業文明在西方的堅船利炮轟擊之下徹底被顛覆，有擔當的知識分子苦苦追尋，思索社會改革的途徑。從最初的『師夷長技以制夷』到『民主制度，天下之公理』（梁啓超語），他們發現要『强國富民』，首先要『開啓民智』，祇有民衆擁有了獨立思想和批判精神，國家纔能實現真正的强大。在此後一百年的時間裏（一八四〇—一九四九），思想者們從社會變革深入到國民性的改造，用每一部作品見證着中國近代化的遞變歷程。這是一個極其重要的時代，《清末民初文獻叢刊》正是收録了這一時期的作品，大部分書籍都是早期版本，有着極高的文獻研究價值。

清末的中國經歷了『三千年來未有之大變局』（李鴻章語），大清王朝面對西方列强的艦炮，表現得驚慌失措。尤其是鴉片戰争，使『天朝帝國萬世長存的迷信受到了致命的打擊，野蠻的、閉關自守的、與文明世界隔絶的狀態被打破了』（《馬克思恩格斯選集》）。一批士大夫知識分子，尤其是在歐美諸國擔任使臣或者游歷的知識分子最先覺醒，着眼于對西方國家的考察，進而反省本國政治制度的劣勢，可以視作『啓蒙』的端倪。如曾擔任駐英公使（兼任駐法公使）的郭嵩燾在《使西紀程》中以日記的形式記錄了自己對歐西諸國的觀感，他在考察了英國的政治制度之後，發現英國政府官員收入超過三百磅者與普通老百姓一樣同等納稅，他說：『此法誠善，然非民主之國，則勢有所不行。西洋所以享國長久，君民兼主國政故也。』他明確提出了『民主』，在國家的管理問題上，人民也有參與的權利。他在該書中所披露的西方政治、經濟、文化等領域優于大清帝國這一事實觸動了保守派的神經，立刻遭到保守派群起而攻之，進士何金壽彈劾他『有二心于英國，欲中國臣事之』，他家鄉湖南的民衆對他更是痛加詆毀，以至于滿城揭帖，誣蔑他『溝通洋人』，在這種群情洶洶的情况下，朝廷最後下旨將《使西紀程》毀版，從而使該書成了禁書。然而，書雖被毀版，却不能堵死民衆的傳播與閱讀的途徑，上海的《萬國公報》依舊連載該書，張佩綸曾說：『朝廷禁其書，而新聞紙接續刊刻，中外傳播如故也。』從某種意義上來說，啓蒙是時代的需要，盡管清政府發諭旨禁了該書，民衆乃至一些朝廷大員却依舊在私下閱讀，以便瞭解外部的世界。進步的社會是開放性的，任何企圖『閉關鎖國』的努力都意味着歷史的倒退，祇有開放，與整個世界文明保持同等的步伐，纔能實現真正的强國之夢。當大批知識分子走出閉鎖的國門，親歷了文明的洗禮之後，也就把啓蒙的智識帶回了中華大地。容閎的《西學東漸記》，梁啓超的《新大陸游記》，崔國因的《出使美日秘日記》等一大批作品介紹了海外諸國的政治、經濟、軍事、外交、文化。雖然這些作品在認識上仍然帶有時代的局限性，然而却是那時最爲珍貴的聲音。

另一方面，在學術上，中國文化母體内『經世致用』思想與資産階級思想相結合，也喚起了變革，以康有爲、梁啓超爲首的改良派試圖通過自上而下的革新以實現變革。康有爲的《新學僞經考》《孔子改制考》就是借經學之表論資産階級學説之裏的著作，康有爲的弟子梁啓超更是通過《新民説》一書提出國民性改造。與早期啓蒙者『師夷長技』的器物文明引進不同，梁啓超上升到形而上的精神領域，從文化心理上更加徹底地進行變革。梁氏是清朝末年到民國初年一個橋梁式的人物，被譽爲『輿論之驕子，天縱之文豪』，其影響力不但在學術領域，同時還在文學領域，他所倡導的『詩界革命』得到了譚嗣同、黄遵憲、丘逢甲等人的響應，黄遵憲的《日本雜事詩》，丘逢甲的《嶺雲海日樓詩鈔》都體現了這種主張。這一主張要求反映新的時代和新的思想，用『我手寫我口』（黄遵憲語）的方式直抒胸臆，對長期占詩壇主流的擬古主義、形式主義產生了巨大的衝擊，解放了寫作者的心靈和頭腦。

與社會變革同步的是早期對西方思想著作的翻譯，這裏面影響最大的是嚴復，他翻譯的《天演論》《社會通詮》等書直接孕育了民國一代的知識階層。魯迅、胡適等人在文章中都曾提到《天演論》對他們思想所產生的震撼。與嚴復略有不同的另一位翻譯家是林紓，他的譯作雖然參差不齊，但却在更細膩的心靈層次對讀者產生影響，許壽裳曾回憶，他和魯迅都熱衷于林譯的小説，如《巴黎茶花女遺事》《黑奴籲天録》《迦茵小傳》等作品。

辛亥革命之後，進步社會思潮成爲主流，比之清末思想啓蒙者『求存』的追求，民國以來的知識階層深入到了更加細微的肌理，一方面呼喚社會變革，另一方面進行點滴的建設，革命并不能使所有的一切一蹴而就，在更加深廣的領域，事物的改變是由微觀而宏觀。通俗地説，比之于革命，建設的意義更大。如《中國商業史》《中國教育史》《中國倫理學史》《中國哲學史大綱》《中國小説史略》等一大批作品都是進行系統的梳理與建設的理論作品。其中，以胡適和魯迅二人的影響最大，他們的作品一紙風靡，從而成爲新文化運動的主力人物。

《清末民初文獻叢刊》收録的文獻大致上可以分爲三個階段，其中龔自珍、張之洞、魏源、郭嵩燾、薛福成等人的作品可視爲『早期啓蒙』，康有爲、梁啓超、黄遵憲、嚴復、林紓等人的作品可視爲『中期啓蒙』，胡適、魯迅、蔡元培等人的作品可視爲『晚期啓蒙』。當然，這種劃分并非嚴格意義上的，大部分啓蒙思想者隨着時代的變化，其思想在不斷進步。縱觀整個近現代史，可以發現，要求變革不是在某一個領域，由某一類人發起和完成的，而是全社會的要求。變革，已經成爲全社會的共識。

從清末民初的文獻中，我們能够發現一種豐富性。這些作品涉及政治、經濟、軍事、教育、外交、宗教、心理、情感等方方面面，從内而外地净化着中國兩千年以來的封建積習。它不衹是對社會的改造，更是對人心靈的重塑；它首重國家社會之建設，同時亦重靈魂心智之喚醒；它是宏大的，也是微觀的；它是嚴肅莊重的，也是活潑靈動的；這些作品結構精巧，思想内容深刻，擁有濃厚的人文主義色彩，對推動社會主義建設，實現中國夢有重大意義，是近現代中國一百年來最宏富的智識與情感的寶藏。因此，整理這些文獻作品，無論是出于資料保存的目的，還是爲圖書館提供資料副本，都有不可估量的意義。

特定時代下的文獻，當它一旦形成（既指草擬，創作的完成，也指其成爲一個載體），就不可再複製了，也就意味着它將面對消亡。對于文獻資料而言，越接近歷史事件發生的時代記録，越具有研究價值。文獻本身具有不可再生性，它祇會消亡，而不會增多。盡管文獻本身的文字可以保留下來，并進行傳播，却失去了當時的時代氣息。當時的作品可能在技巧上，文字的成熟度上不及當代，但它所負載的信息，創作者的情感都反映了當時的歷史，也就是説，它具有不可替代的歷史意義。

影印的版本有三個特點，第一是擁有文獻的『原始性』；第二個特點是『未經改動的』；第三個特點是『歷史的原貌』。所謂『原始性』，也就是説，它是第一手資料，而非轉述的，回憶形成的；『未經改動的』，是指未被篡改、删節、挖補的；『歷史的原貌』是指在影印製作過程中，完全依照文獻的原來模樣……這樣製作出版的作品，無异延續了文獻的壽命。

近現代思想史上的一個最重大的思潮就是『開放』，從林則徐的『開眼看世界』到蔡元培的『兼容并包』，都是在倡導一種開放式的胸襟。而《清末民初文獻叢刊》最有魅力的部分就是『開放』這一主題，祇有融入到世界文明發展的進程中，中華文明纔能歷久彌新。

《清末民初文獻叢刊》編委會

二〇一七年四月十四日

凡例

一、《清末民初文獻叢刊》（以下簡稱『叢刊』）爲影印本，舉凡所用之底本，均爲該書之早期版本。有清末刊本，亦有民國印本。

二、《叢刊》均依底本影印，未予删改，僅代表作者個人觀點，不代表官方立場；原刊本有誤，不予校改，以保留文獻之原貌。

三、《叢刊》所用之底本，因時日久遠存在漫漶的情況，均進行了修復；底本闕文、印刷不清，均保留原貌。

四、爲讀者閲讀之便，《叢刊》中之舊底本目録未標記頁碼者，編了目次；原底本有頁碼和目録，未予重複編目。

五、爲保持文獻的原始風貌，影印本保留了原書書影（原書爲多册，則保留第一册書影）、扉頁等信息。所用底本無相應信息者，則不予妄添，以免錯訛。

目録

庸書序

舉一事之得失利病竅導而理解可與言政矣而未足以言全局之得失利病也舉全局之得失利病竅導而理解可謂知政矣而未足以言中外之得失利病也舉中外之得失利病竅導而理解可謂明政矣而未足以言古今之得失利病也知全局之得失利病然後可以知中外知中外之得失利病然後可以知古今知古今之得失利病然後可以言全局之得失利病也綜全局衡中外閎古今然而言政者可以施於政天下之說曰今日之病在尙文文敝誠是也今日之病在輕藝工楛誠是也今日之病在薄商貨滯誠是也今日之

病在乏財國匱誠是也今日之病在廢武兵弛誠是也今日即去文貴藝厚商務財重武富强立效天下之角富强者日以心鬭而未始有涯則見以爲能綜全局者猶拾契而數齒也未能權夫中外者也天下之說進而曰今日之病在網密而法遁則議更其苛細在官冗而祿薄則議均其食事在學膚而舉濫則議變其選仕在上蔽而下壅則議通其復逆今日即更律法釐官制興學校行議院整齊立效富强易使知治本矣顧更律法釐官制興學校行議院不於先王取法則必以外域爲師外域之治果勝於先王之法即師外域無傷也先王之法而包舉乎外域數典而忘其祖則何爲哉師外

域而不害先王之政無傷也害先王之政妨聖人之教以忘
中國之本則又何爲哉知中外而不通古今者其猶今日適
越而昔來也今中國之泯棼事墮於冥冥而相遁以貌飾誠
不可自誣爲中國之故矣鏡於四海而利弊皎然則知所以
自治顧育仁常從使泰西觀其政利導整齊而俗乃鄙倍夫
鄙倍者戎索之舊未進於文明而其治整齊者得先王立政
之意焉不如諸夏之亡矣稱先王爲世詬以爲迂闊遠於事
則鏡於四海鏡於四海而有得有失則莫若考諸先王中國
數千年之基開務於堯舜集成於孔子先王之政備於孔子
之書爲萬世制作秦廢先王之道愚黔首以便法吏漢雖稍

復經術而政規已定博士依違莫敢正駁六經治世之大律遷流爲文詞帖括無所用胥其書而亡其意學術益鹵莽滅裂及其從政舍經術而學於吏胥在上者察其果無所能則棄士流而專用市儈益馳騖乎外不敬於內徒以收海關爲富國治船械爲强兵一若舍是則國無所事庸詎知不修其內則國無與立乎而卑論儕俗之流方且專已守殘力護積弊天下啍啍相譁以無人才曾不知外患之來由於內政人才之乏由於學衰夫立學取士用人行政其事同塗而不可離離則芒然無所嚮賢否相亂而世無是非是非亂而國無刑賞刑賞不施官政廢弛而野無教養然則不必言洋務也

言治內而已夫治內者舍孔子之言先王之政又安歸乎今立學取士以孔子先王之道爲名而用人行政乃不以此考其實則何爲哉陳次亮農部湛深經世之學既稽於古知其本源久直樞垣明當世之事周咨博采徧歷沿海大埠至香港澳門又旁考西書至於輶軒譯語鏡機甄微慼念時變乃探綜古今中外全局發憤著庸書內外百篇言綜名實故以名實篇託首其於審官牧民興學理財平律治兵籌邊反覆於古今盛衰之故中外名實之科治亂之條貫備矣而於風化治本尤欽欽致意焉始以自強終以聖道自強之言曰形而上者謂之道形而下者謂之器器爲道之粗跡先王遺意

之所存經秦政之酷烈澌滅而遷流於外域天將以器還中國而以道行泰西表裏精粗交易而退聖道之言曰宜及此時上下同心修明學校博采泰西制器尙象之理强兵富國之原使天下萬世不得議其迂疏而寡效夫孔子之書言政者過半矣周官治內春秋治外先富而後教由兵而反禮則何者不備豈果迂疏而寡效哉後世欲任私智背先王歷朝之效亦可覩又鑒於今矣然則舍孔子何法舍六經何嚮善乎自敘引蘇軾之言曰謀國者定所嚮定所嚮而得失之辨明夫安有築室而道謀一鬨之市而不勝異議者哉外患之與內憂恆相因而相積不必言外交也言內治而已明政刑

興教養理財治兵今固有其名也而未始有其實也言內治者亦審名實而已審名實之實亦用人而已敷奏以言明試以功此聖人之所以審名實而熙庶績也故百篇言治者備而以名實爲樞若網在綱有條而不紊唯達者知通爲一爲是不用而寓諸庸旨在斯乎未有不通爲一而足以言治者也儻能早見施行舉而措之與天下更始羣策羣力相與軫國步之艱而消唸咿之厲庶有瘳乎光緒二十二年夏四月宋育仁謹敘

庸書內篇卷上目次

翰林

教養

水利

渠樹

和糴

蠶桑

農政

鳌金

學校

太學

庸書內篇卷下目次

保甲

名器

名實

國家之興二百八十有餘載矣法日改而日精網日張而日密文日積而日繁內外官吏營私骫弊之方亦日趨而日巧祖宗之典制非不善也所承奉而操持之者非不詳且明也然而大姦巨蠹規避遷就貌爲奉公守法者無以禁之矣庸懦鄙夫旅進旅退竊祿保位雖無功而亦若無過者無以督之矣今日海禁大開時移勢易一切因循苟且之行先朝所未有拘牽窒閡而不能行者無以調之矣當此之時主於守舊者湥閉固拒尊己而抑人事變旣來茫昧昏蒙束手無措主於維新者不深察中國之人情與國家創制顯庸之本意

又張皇震訝欲一切舍已而從之其意似皆是也而皆非也守舊不能圖新不可乃習爲粉飾太平之説遲重遷延偷安旦夕任外人之淩侮朘削而付之不見不聞上下相蒙內外相避養癰貽患移禍後人寇敵在門歸之氣數此諸臣容容竊位自私自便者之所爲而國家何賴焉而天時人事何裨焉然則何以待之亦惟綜覈名實而已矣法之宜守者慎守之實課以守法之效毋庸見異而遷也法之當變者力變之實責以變法之功毋俟後時而悔也迂疏之議論試以臨事而必窮夸誕之文辭驗之當幾而立遁不飾詞以欺世不違衆以徇人不朝令而夕更不避難而就易天有非常之變必

生非常之才變不虛生才不世出茍能先幾燭照羅而致之策而用之假以歲時專其責任毋恤細過毋動浮言敷奏以言明試以功車服以庸運以精心持以定力以宏大業以奠丕基內政既脩外憂自息矣惟是人情縱不貪功未有不思遠害者縱不競於榮利未有甘蹈危亡者所患者文法拘牽是非淆雜致賢者實心任事日在荆天棘地之中舉事一不當而全軀保妻子之臣安坐徐行而媒孽其短則勞臣氣沮志士心灰欲求國勢之不卑人材之不儆民情之不離且叛也其可得乎醯酸而蜹聚焉木必先腐也而後蟲生之憑城之狐處堂之雀其不足與謀大事也久矣故得人則治得人

而不能盡其才則仍不能治任賢勿貳去邪勿疑重賞以勸
功明罰以譏罪俾天下曉然於意向之所在懸一格以爲招
而後風化可開治平可致內憂外患不足平也

自强

自黄帝以來重賢累聖文章功業震古鑠今至於秦而天下之禍亟矣先王之典章制度經春秋戰國之亂而大半凌夷及秦政併兼鞅斯變法焚書坑儒以愚黔首乃一切澌滅淨盡而百無一存天惻然閔之於其間生一孔子憲章祖述删詩書定禮樂表綱常名教之大以維天道正人心然名物象數之繁器也而道亦寓焉中國大亂抱器者無所容轉徙而之西域彼羅馬列國漢書之所謂大秦者乃於秦漢之際崛興於蔥嶺之西得先王之緒餘而已足縱橫四海矣閱二千載久假焉而不能不歸也第水陸程涂逾數萬里曠絕而無

由自通天乃益資彼以火器電報火輪舟車長驅以入中國中國弗能禁也天禍中國歟實福中國也天厭中國歟實愛中國也譬我有奇寶焉遺之道路拾遺者秘而不出亦人之常情耳今彼日餂我以言日挾我以勢若惟恐我之不受然者我之卻之也愈堅彼之欲歸我也愈甚物各有主天實爲之彼雖欲自私自秘焉而有所不得也我而終拒之是逆天也逆天者不祥莫大焉君子觀於此而中國之當變不當變者從可識矣形而上者謂之道脩道之謂教自黃帝孔子而來至於今未嘗廢也是天人之極致性命之大原亘千萬世而無容或變者也耶穌何人天主何教乃欲以彼易此乎形

而下者謂之器是道之粗跡先王遺意之所存經秦政之酷烈熏爍而遷流於西域者天將以器還中國而以道行泰西表裏精粗交易而退人情之所便天意之所開雖聖人復生其能拂人情違天意而冥行獨往傲然其不顧哉故知彼物之本屬乎我則無庸顯立異同知西法之本出乎中則無俟概行拒絕然而受之則富否則貧得之則強否則弱者何也曰天也爲迂遠空疏之論者不知彼不知己不知今不知古不知人不知天囂囂然曰我大國也彼小國也我中國也彼外國也不觀於東南諸國之已事乎緬甸越南琉球不變者也其亡不旋踵焉日本變法者也而至今存焉強且富焉暹

羅朝鮮欲變而未變者也其勢岌岌然如不終日此言雖小可以諭大空談無補實喪易危霸術之終王道之始君子不觀之今而觀之古不求之人而求之天知幾其神殷憂啟聖而一切牖下書生之議論皆可息矣

四維

管子四維之說以治法言之禮義廉恥是已茲之所謂四維者則以形勢言之東三省朝鮮東北之維也臺灣東南之維瓊州廣西雲南西藏西南之維也甘肅新疆青海阿爾泰山西北之維也此四者爲天之四樞地之四隅鼇之四足得之則安失之則危取之則利棄之則害保之則存忽之則亡自有可耕之田自有可興之利自有可憑之險自有可用之兵天生之地成之以奠我中國於苞桑磐石者也蓋今日之大患在俄蠶食鯨吞鷹瞵虎視其新舊所得之屬地既絡西藏包伊犁內外蒙古以達朝鮮矣西伯利亞鐵路功成而我東

北西北之邊防將無甯日英吞緬甸法併越南印度既久屬他人暹羅亦斷難自立西南一面與我接壤者亦萬里而遙至東南臺灣之一隅則通商萬國之所垂涎而窺伺者也今之謀國者亦知之矣東三省練兵仿內地設立郡縣矣朝鮮派員爲之經理商務矣臺灣及新疆則改設省會戍以重兵矣瓊州則戡黎通道矣廣西雲南西藏則設關置吏通商而滇南與黑龍江且設專員興礦務矣籌餉練兵設險守國非不孜孜然汲汲然冀以固我疆圉防人侵軼也然而計有所不定力有所不專似密而實疏似張而實弛似勤而實懈或乃厚彼而薄此是昔而非今爲迂闊之論者譏其虛中而實

邊也持調停之說者侈言重內而輕外也諸夷環伺力敵勢均即守之有方待之有法猶慮其協以謀我奔命不遑必將審彼之利害以攜其交化我之畛域以聯其氣而況重關疊險非旦夕所能奏功轉餉徵兵非賢智無由善後乎苟侈然自以爲無患他日情見勢屈四維者或失其一焉則其禍有不可勝言者故力有所必爭而後强鄰不能屈心有所專注而後異議不能撓四維者均重也均要也而察彼之情僞審我之後先則東北之維尤重之重要之要也俄人國勢等於暴秦然黑海一隅屢爲英擯其忍辱負重過之或者拘眉睫之妄論執餂我之甘言而曰萬里之疆圉無憂百歲之邦交

可恃也人以我爲婦孺而愚之我亦自居於婦孺而信之可謂智乎明知其不可恃而粉飾因循冀倖於己身之不及見而不計後患之有無金甌之缺否也可謂忠乎不忠不智徒騰口說以熒惑上下之聽聞斯聖王之所不宥也慎守四維之說篇幅過長散見以下各則

考績

京察大計之典仿虞廷之三載考績周官之六計上廉主於厲賢能警貪墨黜昏庸其法非不良也用意非不美也每屆所舉者大率奔走勤勞循資按格雖無大過實鮮寸功甚則屬託瞻徇不以爲怪京員盼得外放之路外任倚爲升擢之階其考語則以七八字模糊景響之辭以免駁詰曰必如是而後簡且括也夫六曹案牘積累如山一事之出入至微辯難往還至數十而未止而獨於國家鉅典人材進退之所關乃獨惡其繁務爲至簡之文以蒙上下之觀聽此何爲者也其所劾者京員則一二老病之輩外官則三五微末之員亦

括以數言了不著其不謹不職之實蹟猶幸軍興而後有明保密保以勵賢才有年終密考到任隨時甄別之文以警不肖而京察如故外官之大計幾若贅旒焉此何爲者也夫黄稗不去則嘉禾不蕃賞罰不明則人才不奮不明著其賢否功罪之實蹟則視聽不肅而趍嚮不專京員之趨公勤愼者祇可謂之無過也必有明敏練達之才足以紀綱庶務識大體定新章淸積弊者而後可入剡章也劣蹟昭著者劾之雖未有劣蹟從不入署辦公及庸懦篤老無能者均令回籍候選而京曹之濫竽者少矣外吏之折獄催科無枉無誤僅得謂之無過也必有教民養民之實政興大利除大害吏畏民

懷者而後可登薦牘也貪虐無理者劾之歷時已久無所短長或老邁昏庸者亦令開缺回籍候選而仕途之竊位者稀矣考語之下必臚舉其功罪之實毋厭繁重毋憚詳明爵人於朝與衆共之然後愛憎無所容天下曉然於是非去就之間而薄海之人心一振至於京察之一等大計之卓異毋拘額數惟在得人既已得之則簡放升遷勿稽歲月京察之四等大計之六法苟其應劾毋許徇私寬厚以要名實比周以事上也其罪均也罰罪勸功循名責實以京察大計為之主佐以密考保舉甄別嘉獎四端而後仕路可清人才可出也

夫用人為行政之本而吏部為用人之樞既已限以年資拘

以格式籠天下智愚賢不肖於掣籤按輪之中獨此京察大
計考績興賢猶有古人遺意而亦循章按例故事奉行用之
旣不考其眞課之又不求其實何怪貪庸塞路豪傑灰心敵
伺於門民輕其上成一疲弊尫羸之世宙而不可救藥也亶
聰明作元后元后作民父母在一轉移閒而已矣

例案

則例者治之具也所以綱紀萬事整齊而約束之以措一世於治平者也有案焉則理有所未安情有所未協事與勢有所不同諸臣審量其間隨時斟酌奏定遵行者也本朝
聖神相繼因有明舊制損益折衷闕者補之冗者刪之窒礙者去之既精既詳既明既備然法一成而不變事百出而不窮國家承平將三百載六曹積牘充棟汗牛則例一也而案之歧出者少或二三多且什百焉曹司迫隘無地可容黠吏乃擇其出入之大者攜而歸之籍而記之篋而藏之雖才俊之士白首爲郎不能舉某例之外尚有若干成案也司員如

傳舍書吏無去來一事也例應駁書吏受賄無難覓一可准之案以實之一事也例應准書吏索賕未遂無難覓一可駁之案以傾之卽官長精敏過人不能悉如其意則不准不駁改爲行查展轉遷延永無了日況案外有案歧而又歧若輩動以諭旨爲辭以陰肆其要挾貪婪之計持之有故言之成理堂司不得不屈已而從之慾壑旣盈駁詰乃已師徒授受本固根深諺曰書吏之權重於宰相非虛言也卽或事後覺察而彼已遠颺卽使密與拘囚而事止徒杖且有與受同科之律以箝制諸人覓左證而無從欲嚴辦而不得外吏深窺其隱故每歲有餽贈以保平安每事有陋規以省案牘甚或

預請其意指先授以章疏狼狽爲姦營私枉法而國計民生
不堪問矣雖有忠鯁之疆吏亦祇痛心疾首而無可如何縱
有精彊明察之部臣毅然從例而不從案然各部不能一律
各司亦未必同心往復稽延動輒得咎分肥者益助其燄附
和者張大其詞未久而仍復如故矣此所以弄法舞文積重
難返吏胥數萬什九富人大興宛平聰頴之子弟盡學爲吏
而應考者稀若晨星也謂宜通飭六部堂官博選賢能增脩
則例則例而外薈萃各案爲例案折衷一書以例爲綱以案
爲目與例同者去之雖不同無大出入者亦去之其必存者
別類分門附載於後毋須詳備惟取簡明書成後請旨頒行

限期截止所有積案一火焚之自內府各曹司以迄京外大小衙門各存一部或准或駮並依則例及此書書所未有者隨時奏定續有援案或始藏之而後出之者殺無赦此後朝野上下整齊畫一一本於大公雖有神姦無所措手彼書吏僅供書算奔走之役耳又何患焉方今治平日久世變日紛舊案萬不能全新章復經屢改交錯則徒熒耳目拘牽而轉誤事機適足爲奸人藉口之端沮賢者竭忠之路積弊旣去美利乃興示以至公操以至簡握機蹈矩決疣潰癰而後天下之大萬幾之繁可得而理也

停捐

鬻爵之令濫觴於秦而導源於漢歷代以來或行而止或停而開議論紛紜莫衷一是大抵承平之世必慎重名器不輕假人叔季苟且補苴不得已而出於此然民生日蹙吏治日衰風俗日偷國計亦日匱伊古至今無以易之也本朝乾嘉之際軍興河務度支偶絀事例偶開事過卽停不逾歲月且僅屬虛銜不捐實職上下皇皇然引爲深恥視若隱憂民間知其不易得不可長也亦復踊躍輸將未久卽溢其量國帑充裕而民氣安和盛世開捐其效如此咸豐初元粵匪搆亂徵兵轉餉海內騷然廣勸捐輸以資軍實與釐金二事並爲

籌餉之大宗至滇黔各捐竭澤而漁已成弩末繼之以晉豫海防鄭工及江浙山東順直各賑捐名目繁多屢變不一變捐例日廣而捐數日微內外需次各員增至數倍或數十倍艱難困頓無地可容及得一缺一差則酷虐貪婪務肥私橐求其賢者十不獲一矣卽求其循分供職者亦十不二三矣夫日日教以廉猶虞其貪也今聚無數虎狼飢之縱之而使噬下民弱肉其何以堪此其大傷吏治者一也閭閻無賴忝列搢紳欲重務耕耘而心有所不願欲下伍工匠而情有所不堪欲爲商賈則無財欲儕士大夫則無學於是恃符武斷橫行鄉曲欺淩愚懦以給饔飧其狡黠而稍有援繫者則稱

貸假息奔走四方以求衣食地方官吏亦復展轉援引多立局卡司事名目爲位置若輩之方使天下平添數百萬游民蠹國病民孳孳爲利游民一而良民之受害者什百焉一游民得利而繼踵爲游民者又不止什百焉涓涓不絕已成江河後患之來何堪設想此其大蠹民生者二矣或曰停捐如國用不足何斯未取比年戶部收捐實數而稽之也海防實官一項每年合戶部及各省藩司所收總計不過百萬而天下每歲出入不下一萬萬金譬之一家歲有萬金之息則此區區百金之欵節省之甚易卽另籌焉事亦非難也而大臣不言小臣不言坐使閭閻日敝刑政日偷朝廷永受惡名庫

藏永無餘積誰司會計誰秉鈞衡得毋自惜身家而不暇再憂國是乎謂宜刻期停止捐納實官阻撓者有誅遷延者有罰賑捐四項事過卽停毋許稽留致滋弊竇嗣後卽有災歉事變祇准別行籌措不得率請開捐毅然決然毋動浮言毋撓衆議十年之後民志稍定仕路稍清天下其有豸乎苟流而不返怙而不終因循而不斷誠未知禍之所底也

養廉

先王大烹養賢重祿勸士其遺制不可詳已秦漢以還古意亡失然制祿之法自中二千石以迄百石猶十倍於今茲唐之京員官俸而外尚有職田沿及宋元匪頒猶厚故居臺省者皆以外任爲左遷伊古以來制祿之薄實自明始矣然日用百物半給於官銀貴於今什伯倍蓰閱二百八十餘載貧窶之患未嘗聞焉國朝沿明舊制減之又減以迄於今大學士之俸僅三百金米僅數十石不敵古一微員不足今時一月之費康雍乾嘉之世物力豐富賚給借貸猶可勉支凌夷至今益難自活其賢者倚門人之餽贈不賢者通外吏之苞

苴部飯則彼此分肥工程則相將染指公私上下牽蘿補屋皆若不可告人而身後蕭條或無以爲斂焉郎曹以下益復貧難通籍之初則依託親朋走四方以告糴入官而後則營求暮夜盼外任若登天戶部陝西司專管漢俸每季所發止十萬金自一品以至九品兼及步營京府綜計無慮數千員分此區區何能宿飽今各省購一克虜伯礮需費十五萬金以國家分田制祿之宏規養士尊賢之鉅典移購一礮而猶不足焉騰笑外夷見輕四海庸人疾首豪傑灰心譬豢馬者吝其芻豆急其銜勒而加鞭攬轡責以馳驅駑駘或俛首而就之至如千里之馬逐電追風則騰跳而遠去耳操豚蹏斗

酒以祝籌車其可得哉雍正間因外吏貪墨既已增給養廉矣都中米珠薪桂百倍他方表正萬邦關繫彌重謂宜援照雍正成案所有京職一律增給養廉大學士都統尙書比總督侍郎副都統內閣學士比巡撫三四品卿監院寺比藩臬翰詹科道比道員部屬翰林比知府中書各小京官比知縣通滿漢總文武按品定額以是爲差必周必豐無遺無濫度支之數不過歲增數十萬金而士氣爲之一伸積習爲之一變然後責以操守覈以職事考以才能奮庸者進濫竽者退溺職者斥受賕者誅操賞功罰罪之權免外重內輕之患易窮則變變則通通則久昭示百世綱紀四方萬變之原權輿

於此或曰閻敬銘長戶部時不嘗有津貼之議乎當日酌提閑款八十萬金而出納之吝不公不溥法越事起移濟軍資俸餉既復乃作罷論夫稱名不正謗議隨之私意褊衷强分軒輊缺可裁而俸不可裁也官可省而祿不可省也持平核實援案定章是在識微見遠之君子

行取

今之京曹其職事淸簡者無論已國家政事分寄六官翰林儲公輔之才察院任糾彈之責制度不可謂不善綜理不可謂不精然大半任子書生甫棄詩書卽親吏事所學非所用所見非所聞不習民情不諳政體其上者留神案牘務持外吏之長短煩苛刻覈以博名高其次者逐隊隨行無所可否視書吏之意指爲從違其下者則賄賂苞苴與羣吏分肥而上下其手故格式如印板條例如亂絲徒足以困賢豪便昏庸利胥小秦以文法治天下閱漢唐宋明以迄於今至本朝而準古酌今盡美盡善而長慮卻顧實無一事可爲趍利避

害亦無一事不可爲者所謂徒法不能以自行也外吏之愚者諿諿然爲國爲民而羣然以爲迂怪旣觸禁網旋挂彈章其黠者兵刑錢穀一切不知惟孜孜於差使缺分之肥瘠瞻徇請託避重就輕不轉瞬而大利收矣美官得矣而於民生國計奚裨也其於京員也陽敬之而陰鄙之陽親之而陰遠之謂彼如餓虎也飼之以肉而其事已矣如瘻躄人也掩其耳目而惟所欲爲矣京員亦務於案牘之間尋行數墨錙銖計較以相箝制彼此各挾一相欺相軋之見汲汲然各爲其私此所以日務富强而日趨貧弱日求振作而日事因循也

夫歷代職官內外遷轉無截然分爲兩途者今京職日盼外

任而無一外吏願爲京員外重內輕巳成錮習矣有明欽取行取之法均中外之勢達上下之情用意至深而所見至遠雖中葉以後流弊偶滋然懲羹而吹齏可也因噎而廢食不可也斯時廉俸內外維均欲免牽制隔閡之虞必復欽取行取之法三品以上缺出由軍機處查取京外各大員職名一律開單候簡量才器使不設成心外吏亦不得如來京另簡之員中途乞退四品以下京察一等者循例簡放而外官自知縣以上保卓異者由吏部帶領引見京外各缺一律升遷選補班資亦無軒輊均以勞績名次先後爲差俾外吏不薄京曹而京員習知外事例案諳悉不復以苛細沮任事之心

見解明通不復以迂執掣當涂之肘如良醫之治疾標本兼施如大匠之程材銖兩悉稱居者行者各矢公忠宮中府中皆爲一體上維國本而下達民情斯致治保邦之要術也

鄉官

顧炎武之言曰三代以下朝野內外大官過多小官過少丞倅簿尉人微祿薄多一官則多一蠹也於是有增設鄉官之議韙哉言乎聖人復起不可易矣以京職論之治宗室者宗人府矣宗丞主事可裁也政本有軍機處矣內閣自大學士以迄中書十分之八可裁也鑾儀衛三院可併於內務府各堂郎中主事十分之七可裁也都察院巡按既撤給諫侍御十分之六可裁也有奏事處通政使可裁也例不建儲詹事府可裁也太常光祿鴻臚可併於禮部大理可併於刑部太僕可併於兵部會同四譯館可併於理藩院自餘職事稀簡

者均可酌裁也外吏則督撫同城可裁其一藩司錢穀臬主刑名善後牙釐發審各局均可裁省府有知府州有知州廳有同知縣有知縣而同知通判州同州判經歷縣丞主簿吏目均可裁也河防漕運可全裁也鹽務可裁其半也其賢者自安清苦有官與無官同不肖者則譎詐奸貪生事擾民務肥私橐吏胥差役翼虓虎而奮飛甚無謂也謂宜酌古準今一切裁併各府州縣則仿外洋議院之制由百姓公舉鄉官每鄉二人一正一副其年必足三十歲其產必及一千金然後出示曉諭置匭通衢期以三月擇保人多者用之優給俸薪寬置公所置賢者一人爲之首開會散會具有定期每任

二年期滿再舉邑中有大政疑獄則聚而咨之興養立教興利除弊有益國計民生之事則分而任之毋厲民毋抗官毋亂政貪婪專愎者官得隨時撤之檄令再舉其或縣官貪虐大失民心合邑鄉官亦可會同赴省白之大府查有實蹟照例撤叅每次所保鄉官由縣官具冊申詳大府轉詳吏部爵之於朝每屆年終縣官覈其功過籍而記之達之大府其兩任無過實惠及民者督撫調取驗看保送引見授以親民之官鄉民籲留者准其再任任滿事畢然後請咨夫鄉舉里選不行久矣今考之鄉評以覘其素行試之政事以練其才能閭閻疾苦周知無不盡心民事者爲國家養人材一善也官

之與民向多隔膜寄耳目於胥役徒增騷擾之虞今以本地之紳襄辦本地之事民舉於始則必能下順輿情官考其成則不能上撓國法爲民間謀樂利二善也今之縣令古之百里侯也監司之耳目難周吏役之爪牙四佈以養民則不足以虐民則有餘旣設鄉官隱相箝制不必善旌謗木而可警貪邪三善也設官本以爲民自分隔情睽民之視官如帝天官之視民如土芥鄉官由民舉則澤可下究情可上聞不必問俗陳詩而盡通壅蔽四善也所慮者不肖官紳扶同瞻徇然得人則理伊古已然此法果行利多弊少人則同里事則公舉期則二年大吏可警以刑誅小民可加以責備人有出

身之望自當顧惜聲名事須衆議而行何敢顯懷私曲所謂有大利而無小害者也裁冗費斥閒員化無用爲有用一轉移間而政無不舉事無不成國本以培民心以固風同道一俗美化行進叔季苟且之規成皇古雍乾之治其必自設立鄉官始矣

翰林

翰林科目肇始於唐閱宋金元明以迄於今其途廣矣所得之人才衆矣而截然與部屬分爲兩途則自有明之中葉始國家因仍不改二百餘年其界畫益嚴其流弊益甚原所以分途之意非謂部屬之人才必遜於翰林也亦非必崇重翰林不可使再爲部屬也部屬日親吏事案牘勞形慮其囿於繁苛不復能規遠大也翰林則清苦力學日讀中秘之書以養其天倪而儲其遠到而持衡校士之大典即以任之詢事考言用意至爲深遠矣然通籍之初所以觀政也一朝之典章制度十載五載輒有變更萬緒千端莫知其極雖有兼人

之稟冠古之才未必皆生而知之不學而能之也是爲學之始既困以帖括之功入仕之年復阻以講求之路此何爲者前此三年大比庶常僅十餘人編檢諸官多至百人而止得差者衆不得者希內外翕然重以淸華之選今每届庶常數十人在館多至三四百人得差者僅四之一每歲俸糈所入僅數十金不敷一人之用一月之費非閱二十餘歲不能開坊以國家養士之宏規而增其額滯其途薄其祿又何爲者轉不若部屬之升階較速猶資結費以佐饔飧也即部屬之中豈少明通稽古之士徒以簿書鞅掌日昃不遑一行作吏此事遂廢翰林以過逸而未熟朝儀部屬以過勞而遂荒學

殖於古人敷奏以言明試以功仕優則學學優則仕之意蓋兩妨之而兩失之矣謂宜變通舊制俾翰林部屬一例升遷庶常散館之時主事奏留之日均加以考試重以引見翰林可爲部屬部屬可入翰林郎員講讀各官亦得對品升轉編檢升爲六品與主事同階所給俸廉毋分軒輕不得以詞林故事撓沮新章下部議行永著爲例夫生知之哲伊古罕聞天下人材大都由學問而成由閱歷而出而況强鄰偪處世變日多守舊者迂闊而遠於事情圖新者偏激而昧於體要非常之事必待非常之人爲之京師者四方之表也翰林六部人才之淵藪朝章國故之總貫會歸也俾之相與觀摩互

爲出入知今者鑒古博古者宜今本末兼該精粗一貫以察衆理而應萬事經八表而馭四方而尋章摘句之餘風入主出奴之陋習亦不禁而自革不言而自化矣詩曰周王壽考遐不作人又曰濟濟多士文王以甯此之謂也

教養

天生民而立之君國家之設官以爲民也三代以上之爲治也君臣上下汲汲然以教養爲先務治天下如國治其國如家井里桑麻教之樹畜養民之政若此其詳也庠序學校申以孝悌教民之事如此其備也至秦而後咈百姓以從已之欲以天下奉一人患其富而得衆也而務貧之患其智而生事也而務愚之患其强而爲亂也而務弱之先王教民養民之方去之惟恐不盡謂今而後莫予毒也已恣睢暴戾曾不旋踵而亡炎漢既興寬法省禁師黃老之清靜以與民更始而古人之良法美意無一存焉者矣自是以後循良之治曠

世一逢條告之頒虛文徒具當世所稱能吏競以催科折獄爲長偶有盡心民事者則上官掎之同僚笑之衆庶疑之不入考成不登薦牘羣掣其肘必潰於成而後已不肖者專揣鈌分之肥瘠以圖飽私囊其賢者亦第求案牘之淸釐以規避處分於設官爲民之本意上下泰然久已忘之而且習之矣或曰治民之道廉靜不擾而已教養奚爲者而不知民情可與樂成難與圖始近而不能遠私而不能公非不知勤四體而分五穀也水利溝渠備旱備潦非一人一家之力所能爲者無以董之則廢而不修矣非不知貴禮義而尊聖賢也僻壤窮鄉見聞孤陋或中人之產無力延師者不有以倡之

則廢而不學矣此所以飢饉洊臻流亡載道顓蒙愚昧刑罰滋多者無他故焉教養之道失焉耳又況補助無方鹵莽滅裂之患滋而土田瘠山澤無禁斧斤網罟之時失而物力殫民習游惰讀法懸書之不講而盜賊多士有秀良親師取友之無資而賢才少工師貧匱而器用苦窳商賈蠢愚而貨財日絀不教不養以貧中國愚中國弱中國暴秦之禍深矣遠矣烈矣酷矣蔑以加矣謂宜詳稽古制參以自古迄今養民教民之法分門別類明著爲令飭各省牧令實力奉行借以厲民肥己者加等治罪三年大計列入考成僅僅折獄催科止能免過也必有教養之實政始得登卓異之章虛應故事

者以違制論傳曰上有好者下必甚焉君子之德風小人之
德草併心壹志持以十年而人才不日多民生不日富國勢
不日彊者未之有也

水利

漁陽之地古所稱沃野千里宜稻之區也秦漢阡陌既開溝渠寖廢中更喪亂民鮮孑遺簡陋因循盡亡古意旱則赤地潦則滔天地日瘠民日窮財日匱元郭守敬倡近畿水利之議明徐貞著論益闡而明之本朝怡賢親王以貴胄天潢盡心民事所墾水田二萬餘畝成效昭然徒以豪彊并兼風氣游惰鹵莽滅裂憚於胼胝地方官僅顧目前不規久遠謂北方之土紋理直南方之土紋理橫詭說虛辭熒惑視聽致賢王苦心經營之業卒廢於半途林則徐論漕務疏有所謂本原中之本原則京東水利是已軍興而後淮勇分駐津沽始

於五河下游開渠種稻地方轡勃畝收十鍾不及十年歲得米五十萬石每至春夏之交秧青柳綠江南風景如在目前地之腴美宜稻可知矣惟是各河上游尚未開濬三十六淀故跡全湮積潦大窪歲有水患議蠲議賑無日無之而十六十九兩年爲尤甚朝廷敷曠蕩之恩溥海竭輸將之力豐歲僅敷饘粥凶年不免死亡地力之不盡水利之不興民生之所由日徼也謂宜署仿天津辦法循五河而上開渠建閘官給田價歲收其租而仍以業主爲佃戶距河十里徧開水田樹藝有方旱潦有備十里而外民願自開者亦准引渠水以灌之節節推行自下而上並開復各淀俾容水有地蓄水亦

有資畎澮距川有條不紊所需經費則漸改漕折爲之如每歲南漕百餘萬石開辦之始先由戶部咨行各省將十萬石改爲折色另款封儲解交直督專備水利營田之用次年則改折二十萬石歲歲遞增期以十年百萬南漕悉行改折而水利成矣嗣後溝渠四達水旱無憂每歲所收較南漕當逾一倍此項漕折即可移作他用專欵解京其間有五利焉積潦有所歸而旱熯不爲患何至災荒疊見重費籌捐議賑之煩一利也南漕轉運十石而致一石漂失侵盜歲有所聞海道烽煙時虞梗阻今數百萬石之米近在戶庭則緩急有資而戎心不啟二利也民爲官佃歲獲有秋豆麥雜糧餘利豐

富且官田而外皆將開渠種稻效法南方數千里郊原頓成沃壤三利也營田水利量須增官而自漕督以下一切官吏兵夫均可裁節國家歲省百餘萬金四利也畿輔歲增三百萬石之米以養兵民所入何啻千萬南漕改折及所省水脚之數亦不下千萬金朝廷歲增二千萬金而順直成富庶之邦江漕免轉輸之累五利也或有曲爲之說者謂運夫無業慮啟事端南米不銷將憂紅朽獨不思此時河運止存什一滋事者何人洋米浸灌海疆爲數也頗鉅游惰之夫可以改業而三江兩湖之米可以輸船飛輓接濟粵閩正聖王通變宜民之妙用也而又何疑焉

渠樹

北五省之地平坦沃衍數倍東南三代以前物產之豐饒人民之富庶風俗之敦龐天下無與爲比唐宋而後戶漸少俗漸悍性漸愚樂歲無倉箱而凶年有溝壑神京廩給悉仰南方飢饉洊臻朝不保夕者何哉水利廢而河患增地力瘠樹畜之道闕然不講故耳比歲以來山西之賑二河南之賑一至於順直山東之賑則至再至三惟陝甘地處上游渠工尙在間遭旱潦不甚爲災此外各方幾於無歲不飢無人不賑宵旰勞於上百官衆庶勞於下北省之民亦嵩嵩然蹙蹙然延頸舉踵若嬰兒之待哺然者賑則生否則死賑則存否則

亡不惟非三代之遺抑亦漢宋之哲相英君所不及料也夫焦頭爛額固不如曲突徙薪也亡羊補牢究勝於臨渴掘井也井田不可復而溝洫必可漸興補助不易行而樹藝必宜亟講開渠種樹周官治世之良規實今日救時之要藥也自溝渠湮塞百川灌河伏汛巨流懷襄昏墊旱則千里赤地滴水無餘矣自山澤禁弛樹木斬伐殆盡重以撚回之亂萌蘖無存土膏既枯泉流胥涸鄭工塞決求一拱把之木不可得萬里中原風沙茫茫幾同塞外西人有種樹致雨之說地氣通而天氣降理或然也此二事者患常相因而利常相輔偶有建言及此則相率而迂之笑之徒𠹉𠹉然議蠲議賑利人

之死以博名高乎謂宜飭下北省督撫查明各屬溝渠若干昔存而今廢者若干山澤若干昔禁而今弛者若干泉流若干昔通而今塞者若干林木若干昔有而今無者若干應修者修應禁者禁應濬者濬應種者種民力之不足以官助之民志之不一以法齊之慮經費之難籌則移諸賑欵慮胥役之難恃則倚諸善紳以文告牖其先以獎勸持其後以勘驗攷其成官吏之厲民者有誅虛應故事者有罪重賞嚴罰督過勸功救災於已然不如防患於未然之爲功大也出民於水火何如登民於衽席之爲惠多也課以耕桑予以樂利即以免其災歎救其死亡十年之間井里桑麻水旱有備雖給

數勺之米一杓之粥有靦然其不受者夫而後賑捐可省河患可平康樂和親興養立教卽以復三代聖王之盛治而無難矣

和糴

三代以前吳楚荆蠻之地耳北方物產殷富壤土膏腴家給而人足無所爲仰給東南也迄商君變法秦併天下洊經喪亂地力漸瘠人庶漸貧漢興漕山東之粟以給關中然中原猶富庶也自劉石搆亂歷十六國魏齊周隋二百餘載中原文獻渡江而南荆揚益三州水利農田轉存古意北省流離兵火斲喪羣生聖哲遺規埽地幾盡唐乃始漕江淮之粟以濟關洛宋亦濬汴渠漕荆揚之米以贍開封元明以還海運河運循生迭起勞費糜弊以迄於今萬里饋糧嬰兒待哺海船則憂漂失河道則苦沙淤設官數百員役夫數十萬綜計

一石之米費銀十七八兩而始達京師漕𡊮倉匪百弊叢集及至給發俸餉陳紅朽腐可食不可食者參半售諸米肆僅值一金夫以國家費十七八金之物而其用止一金以一金可購之物而仍株守舊法不憚費十七八金以艱苦墊隘而致之勞孰過焉拙孰甚焉弊孰深焉自商局旣開輪船通行改爲海運雖有費失每石不足十金其勝於河運也無待再計決矣或者猶曲爲之說必欲使朝廷虛糜帑金得不償費且長留此數十萬運夫游手無業以蠹中原倒行逆施是誠何意以管見揆之不惟河運萬不必復卽海運亦可不必更行也夫元明之君臣孜孜然汲汲然窮天下之力建官設兵

以更番督運者豈好勞哉徒以官府上下仰給南漕惟恐其
偶有不達耳今輪舟轉運絶跡飛行山東抵津一日奉天二
日江蘇三日浙四日閩五日粤六日無分晝夜不畏風濤電
信飛馳刻期可達時勢遷變如此而仍拘守元明舊制安常
習故徒飽官吏而弊國家甚無謂也根本至計自當以畿東
水利爲要圖即使費鉅工繁不能驟舉可先將南漕輕賫等
項統改折色解赴京師而綜計每歲所需平價在津采買或
亦以漸變之每年改折二十萬石期以五載盡減南漕内而
倉場外而漕運各官酌留一二員自餘一律裁撤每歲所省
當亦不下千萬金偶有凶年或值兵事儘可先期電飭采買

運京消息靈通必無羈阻至於糧食店肆抬價居奇在前日
或間有之於今海道通行電音四達但有錙銖之利不五日
而富商大賈雲集津門矣何必患寡患貧竊竊然私憂過計
乎或又疑倉匪漕蠹舉係貧民無可謀生必將爲亂獨不思
咸同之際停運殆將十年此項匪徒固亦帖然無事也伊古
以來未有徇奸民一已之私圖而撓國家百年之大計者也

蠶桑

蠶桑之利惟中國爲最廣亦惟中國爲最先禹貢九州桑土居其七古聖王山龍藻火黼黻冠裳五色垂文七襄製錦君子之澤萬世不可忘已漢明帝時佛入中國天竺吉貝與之偕來柔輭温和亦稱利用然宜冬宜夏紡織之利祇與麻枲同功至於西戎北狄毳幕氈裘九夷八蠻文身斷髮大秦夙稱殷富亦僅以金絨火浣自誇纂組之工縱霧縠冰綃曾何足以章身適體也通商而後湖絲一物遂與茶荈同爲出口之大宗綜計每年値白金四千餘萬西人素工心計非不欲自行種植暗收利權而種桑之地方必燥濕合度養蠶之天

氣必寒暖適中不居温帶之間不足以蕃滋暢茂故通商六十載自意大利東洋而外出絲之地罕有所聞天若特留此利源以保我中國億萬年之富庶也者今日萬邦風氣漸啟文明不惟泰西各國達官富人附體之衣非絲不服即下至非美澳三洲南洋萬島巫來由各種族亦各飛輕裾曳長袖爭奇鬬豔彼此以華麗相高絲絹之用日益多蠶桑之利日益廣再閱數百載將徧及於地球億萬萬人我三古聖人顯庸創制衣被天下之心至斯乃大慰也惟自中邦喪亂桑株摧伐養蠶之法强半失傳必須廣勸民間一律仿種由官籌欵購給桑秧屋隙田塍徧行栽植仍顧覓養蠶婦女詳教以

浴蠶上箔之方彙刊農桑各書刪繁擷要散給鄉閭俾識字之民轉相勸導聞意大利養蠶之法攷驗尤精蠶病測以窺筩不致互相傳染繅絲代以機器不使偶有棄遺亦宜翻譯專書兼籌巨款民心未明者牖而覺之民力不足者輔而行之統飭牧令各官列入養民要政不得假手胥役不得徒託空言不得藉口於土性之不宜民情之不願蓋植桑則山巔水澨無往不宜飼蠶則檿柘青剛無施不可小民難與圖始可與樂成教之有難易爲之有遲速斷未有有其事而無其功者末世富强之策更僕難終然或迂遠而難成或積久而生弊中邦作賦首重農桑伊古以來國之大本而利爲人所

難奪事爲我所優爲以愛民利物之心收懷遠招攜之益所謂大用之而大效小用之而小效者偉矣昌矣非一孔之士所得詳矣

農政

區田之法傳於伊尹分行布種澆培糞壅如種菜茹一畝之獲可三十倍厥後仿而行之者或效或不甚效或倍穫或數倍十數倍不等從可知地力之肥瘠樹穫之多寡統視人功之勤惰以爲差所謂上農夫食九人其次食七人最下食五人者鹵莽滅裂斷無倖獲藨蓘致功必有豐殷此盤庚所以致戒於惰農后稷所以開基於穡事也方今萬里疆垂幅員日廣勞農勸相久矣不聞山澤瘠土之民尚或課雨量晴胼胝力作至於平原沃土愚惰之農夫每歲仲春依時下種不培不壅不耕不耘一任其自生自長潦草而收之水旱聽於

天肥磽聽於地年豐則溫飽奢佚歲歉則轉徙流亡民無安
土之心人鮮有生之樂向嘗疑古人省耕省斂興發補助何
若是其紛紛然不憚煩也得毋擾民實甚今而知民性本愚
民情好逸農功之惰世道之憂上下磬磬日憂不足由是而
荒政興焉賑事起焉扶傷救死苟且補苴飢寒垂斃之民其
得活者幾何矣中國農政自齊民要術外罕有專書鄉曲老
農卜歲祈年間有傳習泰西以商立國而人稠地狹農政亦
所究心農事有書植物有學近更化分土質審別精粗故能
百產蕃昌畝收十倍所驗各土質外植物所斷不可缺者有
三曰鹼曰燐曰鈣鹼則藁草積水醞釀而成鈣則中國之石

灰是已有取之於山者有出之於地者有骨角所成者有螺蛤之殼所化者燐則海島鳥糞所含最多中土致之匪易然橐駝驘馬人畜之矢溺皮毛骨革及腐草敗木之閒均含此質所謂朽腐化爲神奇也中國之民知其事而不明其理故深根厚壅寖久而自失其傳同此人民同此土地而今之與古腴瘠不同貧富不同者教不教之分耳謂宜薈萃中外農書博采旁稽詳加論說宜古亦宜今宜西亦宜中宜南亦宜北不求難得之物不爲難曉之文括以歌辭徵以事實頒之鄉塾以教童蒙俾蔀屋窮檐轉相告語家人婦子力穡勸功而後加以董勸之章導以積儲之備興水利以防旱潦勤紡

織以殖貨財斯農政可興農功可立民生日厚而民氣日強也百姓足君孰與不足百姓不足君孰與足古之人君國子民其爲民謀不若使民自爲謀而欲使民知自爲謀必先賴上之代民謀視人如已治國如家無一日之安閒而有百年之樂利者自堯舜禹湯文武以來胥是道也

釐金

光緒十五年恩詔略曰釐金一事乃朝廷不得已之舉刻海防未撤難遽議裁他時物力稍豐卽當奏請停止云云大哉王言洞悉民艱保全大局而中外官吏安常習故不能仰體聖慈剜肉補瘡日甚一日且增立比較之法變本加厲以至於今也夫軍興之時東南十省獸駭魚爛賦稅所入不足供度支以崇本抑末之心爲籌餉練兵之策權宜立法取濟一時乃事端所開有增無減商情困苦市肆蕭條承平四十年而元氣終不能復釐金之弊至斯極矣今之論者輒謂於理宜裁而於勢萬不可裁或爲調停兩可之說謂本朝寬大永

不加賦病民酌增釐金以濟國用宜若可爲也不知加釐之名美於加賦而病民之實甚於加賦不通商猶可不裁通商而後則斷斷乎其不可不裁也何則賦出於地取之民者究有幾何且按畝加徵毋庸增設一官一役民輸一錢朝廷即獲一錢之用也釐金則不然百物滯銷四民俱困天下設卡數百置官數千增役數萬猛如虎貪如狼磨牙而咀擇肥而噬小民椎心飲泣膏血已枯國家所得不能及半自有比較之說可增不可減網羅四佈違額取盈所謂病民甚於加賦者此也洋貨入口一稅一半稅之外一無稽阻西商偶到趨媚不遑所以待外人者如彼其厚土貨則口口而查之節節

而稅之惡聲厲色百計留難甚則加以鞭朴所以待已民者如此其薄黠商乃賃其牌號倚爲護符三聯稅單充斥內地釐局無如何也倚洋人則生否則死冒洋人則安否則危叢雀淵魚不至盡敺爲洋人不止而且洋貨日賤土貨日貴川流海溢識者寒心所謂通商而後不可不急裁者此也或慮釐金既裁國用不足亦未舉全局而統籌之也天下釐金歲約二千萬除洋藥併徵八百萬實計千二百萬金承平之時地丁四千萬綜計可得九成自有釐金不過七成而止可知天下之財止有此數此有所贏彼有所絀地丁暗減八百萬國家歲得四百萬金之用耳而縱虎噬人使萬民愁怨胡爲

者宜令自某年月日爲始天下釐金統減一成而煙酒洋油洋布落地稅統加一成刋刷謄黃偏行曉諭分年遞減十載爲期撤卡裁丁與民休息其四項落地稅責成牧令徵收加至十年適足與釐金相抵國用不竭國本不搖而民氣日紓民心日固矣不此之務徒緦緦然舉各卡之吏役誥而誡之約而束之而比較之文書日責以食人之事日予以食人之權而諄諄然命之日爾吸其脂膏勿傷其性命也其可得乎此國脉存亡之所係人心向背之所關一髮千鈞不絕如綫公忠體國之君子愼勿以爲迂也

學校

古之時有家學有鄉學有國學夏曰校殷曰序周曰庠學則三代共之皆所以明人倫也雖有世子庶子之貴猶復下伍於齊民雖以至愚極賤之人亦得自達於天子故學也者非止範圍天地曲成萬物省刑罰偃兵戎亦所以聯上下爲一心合君民爲一體也士非學無以興禮樂立制度開太平農非學無以辨菽麥別肥磽盡地力工非學無以區美惡審良楛制械用商非學無以察時變精権算殖貨財由是而游惰之民多矣彼異端邪說乃得乘虛而入惑世誣民甚則流爲盜賊暴桀恣睢白晝橫行掠人於市故今之幅員廣於古今

之生齒繁於古而其民則古智而今愚其世則古治而今亂者豈果今不古若哉學不學之分耳通商六十年矣泰西各國之文物制度釐然秩然有先王遺意奉使游歷者衆口一辭卽以工商二事論之工則彼巧而我拙商則彼富而我貧相校相形而優絀立見豈果中不若西哉亦學不學之分耳夫今不若古猶可言也中不若西不可言也近日各省學官有名無實惟書院一席樂羣敬業成就較多然所教時文帖括而已僻陋之州縣並書院而無之欲求教化之興人才之衆也其可得乎宜由督撫分飭所屬仿書院之意廣設學校或集民捐或提官款其規制必整其廩餼必豐其生徒至少

必逾百數始於城邑而後分及於四鄉至於商埠海疆人情浮動尤宜急建書院廣儲經籍延聘師儒以正人心以維風俗其同文方言水師武備各館卽可併入其中並請洋師兼攻西學庶幾體用兼備蔚爲有用之才不至覆轍重尋徒糜巨欵矣其各省叢林道院藏垢納汙坐擁厚貲徒爲濟惡之具有犯案者宜將田宅一律查封改爲學校僧道還俗願入學者亦聽之一轉移閒而正學興異端絀宏治化毓賢才不必有沙汰禁革之文而已收經正民興之效此根本之要圖治平之首務卽因宜制變馭夷狄朝萬國之先聲不此之務徒汲汲然購器練兵欲以爭雄海外恐有器無人將有一蹶

而不可復振者所謂逐末而忘其本也

太學

古之太學興賢造士人材之消長關焉世運之興衰繫焉誠以十年樹木百年樹人不有以養之於平時而欲用之於臨事不可得也縱奇才碩彥間世一生未必俛首就經生之業然世變日多需才日廣自古豐功偉績未有不學無術而能相與有成者三代以後學校之事實廢而名存國子監一官夷之閑曹視同旒綴貲輕祿薄生徒寥寥比年捐例廣開貲照費二金官僚吏胥藉以餬口辟雍聖廟傾頹朽壞雞棲鴿糞布滿階除何以壯萬國之觀瞻肅四方之觀聽哉謂宜廣籌款項修舉雍宮務使壯麗矞皇足以昭示四海酌定歲修

之費俾規制整肅勿稍淩夷自祭酒以下各官慎選賢員優加廩給詳稽功過以定遷除所有各城官學各省書院各城鄉學塾統歸國子監考核稽查並博采周禮成規由各鄉學升之邑學由郡達省以升太學科名蹭蹬者校其學行賞給舉人一體會試願就知縣或教職者亦聽之廩餼資裝皆由官給至於大挑之制取決臨時以貌取人殊非核實似宜統歸太學肄業一年派員會同試以政事庶僥倖之途塞而賢良之路開矣惟舊有各齋褊小湫隘宜購地推廣俾恢宏爽塏蒔花種樹以資游息而便起居太學課程宜令舊學諸臣會同監官博采良規通行遵守另建書閣羅致四海有用之

書四庫百城罔有遺濫推廣算學剏立格致一門廣譯西書
延訂西士優其薪俸寵以職銜其各省武備方言水師及總
署同文各館俱歸國子監綜核勿使離經畔道自矜異學忘
厥本來太學各官亦宜博覽兼通毋得局守舊聞自貽輕藐
蓋依仁游藝古人具有淵源博學多能至聖本由天縱中學
西學合同而化人才輩出足以上備干城矣他日美富宮牆
規模畢備則舉行臨雍鉅典圜橋觀聽率天下於尊師重道
之中上書房皇子貝勒鎮國公及王公大臣子弟統令每月
至學以致學業廣見聞願留肄習者聽範一世於學通各學
爲一而後民興經正聖學大明異端無接跡之期萬國識同

文之義然而風俗不厚國勢不尊四夷不賓八方不服者統
中外横古今達上下未之前聞

書院

論世之君子觀於郡邑之書院而知復古之期不遠矣四時之運夏不能驟變而爲冬一日之間暮不能驟更而爲早世之衰也其降必有漸也秦漢魏晉日即淩夷亂極於六朝五季之間而生民之禍亟矣世之盛也其升亦必以漸宋崇理學明重節義至本朝而昌明正學俊彥雲興蓋世運之升降繫乎人人才之盛衰關乎學而爲學之道莫善於羣萃州處敬業而樂羣書院之興肇於宋之宮觀奉祠延歷三朝教思彌廣咸豐同治之際中興將相什九湖湘聞嶽麓書院山長某公自道光建元即以氣節經濟文章立教瓌瑋奇傑之士

咸出門牆一人善射百夫決拾氣機之所感運會所由開也
統直省計之其書院經費充裕山長得人則人才多成就衆
無書院之郡縣則見聞孤陋雖有才儁振奮無由此中之消
息盈虛如景隨形如桴應鼓故書院雖非典制不隸官司而
育才造士之功至爲宏大惜院中傳習僅以時文帖括獵取
科名而經史之故籍無存也聖賢之實學無與也山長則瞻
徇請託不校其學行惟第其科名甚則賄賂苞苴喧騰衆口
人心以傲士習以偷地方有司置之膜外有心人愁然憂之
宜令禮部國子監行知各省分飭所屬廣籌經費建立書院
向未有者設法興修有之而經費不敷者增籌充裕一律拓

地增建書樓官局所刊備文咨取外間坊刻石印有用各書
廣購兼儲必周必備西書除教事外亦宜博采無遺以通時
變山長一席坊表所資宜慎選經明行修博雅淹通之士或
科名未顯無妨起自諸生卽桑梓無人大可求之異地疆吏
訪求延請禮敬有加仍列具姓名達之部監責成學政每歲
稽查果其學問賅通育才成德奏聞奬厲賞給俸金年邁者
寵以虛銜欲仕者予以擢用其或教誨無術學行有虧卽由
學政檄令易人亦不加以罪責生徒薪水必優必豐三年遞
升入之太學正途而外與以出身書院必慎擇名區必須不
城不鄉山水清深足供嘯詠庶天地鍾靈之氣國家養士之

心薄海英賢慕義向風之意相感相發相盪相摩追三王化
育之隆開萬古文明之洽斯作君作師之盛軌宜今宜古之
亙規天運之所以成始而成終聖道之所以成人而成物也
懿歟盛已

淫祀

天地之間有陽必有陰有明必有幽有人必有鬼古聖人知其然也故導之以敬天尊祖衷之以禮節樂和使君民上下皆得自致其情文然後心有所麗鬼有所歸而淫祀可以不作惟是天道遠人道邇故夫子曰敬鬼神而遠之非其鬼而祭之諂也管子曰思之思之鬼神通之非鬼神之力也精氣之極也故人之形體成乎地而心之精氣通乎天鬼神之道生之心附於物而肸蠁之靈如聞如見焉三代而下非天子不得祭天風俗之厚者尚知祠祖二氏乘虛而入妄立名稱滛祀之興遂徧天下幾於無地不有無人不拜不能究詰不

可限量乃至僵石枯木奉若神靈問卜求醫洪之鐵琰游手無業之輩因得假託附會惑世誣民北省稍希而南方獨盛城邑猶少而鄉鎮彌多甚乃舉國若狂釀成巨案欲持之以法則誅不勝誅欲曉之以言則道其所道廢時失業敗俗傷風無形之患永無紀極況國之大事在祀與戎今日萬國通商觀瞻所繫彼族轉得以敬天傲我以非祀譏我視我與已亡之印度等而我尙因而仍之貽禍將來見輕外國有識之君子有隱憂焉謂宜弛拜天之禁聽斯民自致其誠申敬祖之文俾四海益興於孝而直省所有祠廟除載在祀典外一切無名不正之祀概行毁撤祠屋祭產改爲宣聖廟堂春秋

祭祀鄉官主之並舉行鄉飲酒禮宣講訓諭敬老尊賢自餘或值歲時或逢朔望民間婚孺禮拜禱祈從俗從宜勿庸禁革蓋幽明之理本於人心不正卽邪決不能虛懸而無薄惟聖人開天明道覺世牖民推報本反始之心於禮固宜於情亦順矣或曰若是得毋褻乎而不然也天下之人同此耳目同此官骸皆天之所生皆聖人之所教自世俗言之則有貧富焉貴賤焉智愚賢不肖焉而揆諸天意反之聖心則一而已矣彼道家則宗老子西教則奉耶穌佛氏則釋迦如來天方則謨罕默德開宗明義飲水思源必禮之敬之皈依而崇奉之而後人心始快也聖人之道參天地冠古今而城邑有

學宮鄉黨無廟祀尊之而適以疏之敬之而適以遠之一若天下惟賢智富貴者始得爲聖人之徒而愚賤之民無望焉上旣棄民而民亦自棄無惑乎世衰道晦邪說橫行刑法滋紛而盜賊接跡也夫聖人之心天之心也聖人之道天之道也尊賢而容衆嘉善而矜不能天下歸仁羣生託命不能不翕然高望於道一風同之世矣

章服

賈生曰姧邪生於儉不足儉不足生於有餘非不足也亦非有餘也奢侈害之也世之盛也朝野上下其風俗必勤且儉勤則不匱儉則有餘有餘則善心生民氣日和而民志日靜和與靜者治之本也及其衰也民日益惰俗日益奢惰且奢則日形不足不足則民心易動而民性好爭爭且動者亂之機也本朝法制嚴明章服之間秩然有序上行下效俗美風清逺道咸兩朝洊經寇亂蕭清而後繼以通商捐例廣開尊卑淆雜東南十省奢侈慆淫年復一年變本加厲通商各大埠及省會倡之沾染涵濡徧於內地其始不過富商大賈及

紈袴子弟奇衺婦服相率效尤日用起居越禮犯分漸而閭
閻閻闠貧窶小民衣必綾羅色必詄麗資用不足質貸隨之
責負難償騙竊繼之弱者死於饑寒强者流爲盜賊人心之
敝習俗之偷刑罰之所由不禁也謂宜申明舊制詳稽等級
將一切服物定立新章由禮部奏明頒行遵守令下之日一
年爲期所有奇詭僭侈之文概從禁革一年而後犯者罰鍰
再犯者黥其手三犯者黥其面怙終不改治以杖徒或曰得
毋擾民實甚而非擾也治其身治其心先教以言後刑以法
使之畏罪而遠過卽所以化莠而爲良也或又曰滔滔皆是
其如誅不勝誅何而亦無足慮也此其間有上中下之等焉

下焉者務爲淫僻詭異炫惑世人甘心爲惡者也中焉者隨波逐流可善可惡者也上焉者迫於俗尚不得已而從之者也禁令既申上焉者可以立變中焉者隨之而變下焉者畏罪懷刑而亦不敢不變城市既變鄉邑從之矣海疆既變內地繼之矣且人之習爲奢僭者以爲觀美耳今不惟不美而已指摘加之誅罰繼之仇讐得因而挾制路人得與以揶揄人同此心心同此理又何苦浪擲貲財自貽伊戚乎所謂不惡而嚴不刑一人而頹俗可以丕變者也惟是京師四方之表也沿海通商各埠東南十省百弊之所由生也令出惟行法嚴自近不因輦轂之下而曲予優容不以租界之中而意

存歧視涓涓不絕將成江河萌蘖不翦將尋斧柯熒熒不滅
炎炎奈何此治亂之大原富强之本計是以君子謹之於微
而愼之於始也

三品

三品之名肇於禹貢論其物則古少而今多校其直則古賤而今貴者何也由於生齒之蕃道理之遠糜費之多也古之時粟布交易而止矣圜法興而銅貴地丁折而銀貴通商而後人利輕齎金錢銀錢徧行宇內而金銀益貴人以多而用廣物以罕而見珍他日索值之昂未知伊於胡底中國漏巵川流海溢每歲數千萬金非自收利權不足以保全大局而自佛法流入中國民間金箔盛行一歲所糜難以數計既經錘鍊盡化灰煙二千年來何止億萬猶不若器飾之銷亡尚寡也此糜金之應禁者一也中國銀礦無多古人用銀尚少

自明以後官民賴以轉輸銀元暢行取攜尤便漸至奢靡無度服食器皿概用純銀銀箔之多尤勝金箔宜明定限制示以等威作箔之家繩以重法此糜銀之應禁者二也至於銅政關繫錢法禁銅之令歷代綦嚴軍興以還現錢日少滇銅不旺官鑄久停市肆商民不敷周轉而天下廣用銅器及水煙管一項積重難返已見端倪不可以其小而忽之也此物濫觴於咸豐盛行於同治妄人作俑四海從風鬭巧爭奇一人數事尤可慮者銅肆無銅可購皆夤夜銷錢爲之銷官錢數百文可成一器值價數千本微利豐趨之若鶩中國四萬萬人用者過半一物銷錢五百已銷一萬萬緡京外各爐鼓

鑄五十年猶不足以彌縫其闕況刮磨垢膩銷蝕無形未及數年頓成棄物惟此嗜痂之癖已成蠹國之尤安可侈語寬容坐受其弊乎此糜銅之應禁者三也夫微者世之所忽而漸者人之所不及防也至於積微而成著積漸而難回則愚者皆知之雖智者無以善其後矣論開源節流之要策當合中外而兼權散見他篇茲不更贅惟是民間習尚流蕩忘歸市儈奸商作爲無益賢智之士亦且安焉愚賤之儔焉知遠大不加禁革終累閭閻利用厚生黜華崇實天下之大萬民之衆蓋有禁之而不能驟止者矣未有不禁而能自止者也然而上之所好下必甚焉表正景端風行草偃苟欲禁之而

終不能禁者蓋亦未之有也

河防

黃河之爲患中國古矣虞廷分職禹作司空自後垂二千年河無大患溝洫既廢阡陌乃開水利就湮河患以亟漢時黃河屢徙小民蕩析離居天子自築宣房繼立河隄使者以塞決口嗣是屢朝遞有河患亦或設官經理然事過即撤未設專官也河道之有專官實自明始迄今五百載河防最重河患亦最多其時百萬南漕統歸河運河決則運阻河平則運通其害如腹心相聯如指臂京師仰食無如何也及本朝嘉道之間歲修至三四百萬不數年輒決塞決之費輒千餘萬金窮天下之力以治河而河益橫潰四出而不可治河官之

有效無效亦大略可覩矣且不惟無效而已不設官則河猶可治設官則河必不可治也何則國家歲修之費決不如塞口之豐朝廷詔糈之頒萬不敵分肥之富也一事也一案也河官有大利焉河兵河夫有大利焉河南之官紳與聞者有大利焉沿河之百姓售芻藁者有大利焉來往之紳商市易告貸者有大利焉工部之官吏覈報銷者有大利焉在河督高爵崇階受恩深重何忍以有限之帑藏供無算之侵漁然違衆獨行稍變成法則謠諑隨之糾彈繼之致決之事既非一耳目所能防塞決之功亦非一手足所能任上其贏者道府則咎有可分使之決者兵夫則罪有所諉決口褫革合龍

必開復好官無恙故我依然而身肥家富矣故每值口决獨宵旰焦勞於上司農仰屋於中億萬災民愁苦於下而在事之官紳吏役皆歡欣踴躍於河干欲求河之治也猶抱薪而救火耳其何裨乎宜一律裁省改歸地方官兼管革歲修之費免議處之章决則塞之否則已焉蓋治河之本在開渠溝澮多則水有所容而伏秋漲減治河之標在種樹林箐密則隄可長保而霜汛瀾安此二者皆非河官所能爲也地方官則優爲之亦非河官所肯爲也地方官之賢者則勇爲之有明之弊政未有養癰貽患如河防一事者而或者冀倖於歲修之稍減張皇於漫口之堪虞調停其間因仍不改懷私罔

利者抑又甚焉則何不取設官以後與未設官以前較其患孰多乎取歲修之豐時與歲修之嗇時較其憂孰大乎利弊可否之數將不辨而自明矣夫建此議於嘉道之間則朝野上下必譁然逐之不以爲狂即以爲囈今自銅瓦廂北決而河患之稍紓者五十年防費之既減者四十年河運改爲海運正供之仍舊無缺者三十年河入山東而山東固未專設河官也河南之河官如故而鄭工之決口奪溜南趨者亦如故也天與以更新之會復古之機埽萬口之膚詞除兩朝之積弊省國家百萬金之浪費免閭閻億萬姓之沈菑以纘我

神禹二千年之盛績其在斯乎其在斯乎

海口

黃河之水渾渾然汩汩然河水一石其泥數斗入海而後湍流緩散泥沙渟蓄而下沈海水深鹹含鹽挾鹼朝潮夕汐逆托而上升沈沙愈積愈高鹽鹼愈凝愈厚風吹日曝堅凝若金石寬廣若邱山海口既高河身亦隨之而高積沙益多洪流日緩兩隄束水噴鬱不洩雖欲不改道而不能矣數百年來河由江南之徐州入海雲梯關外堅石數百里皆淤泥之所積經海潮頂托鹽鹼凝結而成者也靳輔舊製混江龍鐵篦子隨流往來大著成效河督某惜費裁之閱數十年而遽有銅瓦鑲之決改道北向以迄於今將五十年矣西人所著

海道圖說英國兵船探測山東海口鐵門關外數百里均屬
淤泥河水瀰瀰然僅深數寸淤泥日厚海口日高不及百年
將爲雲梯關之續耳夫治河之書汗牛充棟然疏濬海口之
說未之前聞者良由巨浸稽天風濤莫測望洋興歎人力難
施也今日海舶往來萬里東瀛已同杯勺挖泥機器用力少
而見功多宜由東撫置備夾板船二艘小輪船二艘挖泥機
船八艘從海上施功對準河身溯流而上疏濬中洪八十丈
夾板對泊爲工人食宿之區機船斟酌情形就淺就深自行
定造取泥而上傾之海中逐漸疏通愈移愈近務使中洪之
水常逾尋丈之深聚水力以刷沙借機輪以激水終年疏濬

無間春秋其海口以內之河身則參用混江龍鐵篦子百艘隨流往來因勢利導貢役薪俸必優必豐每屆五年核其功過加以升擢疏河身濬海口治下游下游既治則全河通暢水患自稀萬里中原永免其魚之歎矣或曰山東固嘗購機器船矣舟輕力小挖泥無多試之津沽已不合用可奈何不知外國江河除密士失畢河外其長無過五千里者黃河流長源遠計里八千必須參酌中西加增馬力淺者挖之深者刷之運以精心持以定力得寸則寸得尺則尺而後能日起有功也書曰鯀堙洪水九載績用弗成孟子曰禹疏九河瀹濟漯而注之海夫堙者隄而塞之之謂也疏者濬而通之之

謂也今之論者皆知抑鯀而揚禹惡鯀而好禹而所師者鯀也窮天下之力以從事者堙也無惑乎日日治河而河愈不可治也撤河防裁河費省河官以不治治之蔬之瀹之盡力溝洫以殺其勢教民樹藝以清其源而治河之能事畢矣

圖籍

古人讀書左圖右史周禮大司徒掌天下之圖籍地圖一事爲學之首務致治之本原君臣上下珍之重之講明而切究之邊陲阨塞以愼防維城邑川涂以敷治理文所不能達者以圖明之圖所不能窮者以論著之一地也一事也一物也有總圖有散圖有分圖遠道閱之而無虞隔閡異日按之而可免遺忘千里關山無殊目擊萬方疾苦悉得上聞乃至名物象數之微各有圖說師生授受一覽瞭然學者展其圖知其名詳其法事半功倍得手應心圖之爲用大矣哉今戶部曹司圖籍無一存者山經地志首附圖說疏舛簡陋蹈襲因

仍無可依據以古今聲明文物之大國而圖籍缺如彼海外小邦轉得以所長傲我西人之游歷內地者自攜儀器所至繪圖山川道里高深遠近生長其地者尙或茫然而彼族轉計里開方瞭如指掌隱憂深患行道皆知當軸諸君猶漠然不以爲意何也法之敗於德也德相畢思麻克先期微服至法窮探極測隨地繪圖兵事旣開則某水某山某村某鎭法人所不悉者德人皆知之間道疾趨掩其不備法人一蹶不振以至於今粵捻亂生流毒徧天下諸立功將帥無不精究地圖邇來沿海船政製造各局一船一礮咸有精圖諸學生亦多有精究測量兼通繪畫者此亦風氣漸開之一證矣謂

宜飭海疆督撫保送熟精測繪之學生彙齊攷驗派員籌費

密赴沿邊沿海一倣西法分繪精審地圖圖所不及者繫之

以說關隘險要必詳必明邊海既竣然後漸及於內地有舊

圖者摘其紕繆而改之向未有者另繪新圖皆附論說地方

官資給保護亦不得生事擾民督率之員必須深明大略毋

得苟簡毋許張皇測繪有成准照異常勞績保獎精圖二分

一存戶部一貯樞垣庶幾敵國環窺有備無患戰守進退一

望瞭然卽腹地方輿大川廣谷何弊應革何利可興亦釐然

井然歷歷在目其有益於邊防治法者非淺尠也至如現行

各專章奏而外並須繪具圖說坿奏上聞以其一分咨各部

樞部亦隨時標記藏庋以備檢查不可偶有遺失披圖而索
按籍以稽精則無忘也明則無闇也密則無疏也信諸耳聞
不如徵之目見也萬殊一本萬緒一綱萬里一室此持平核
實治國平天下之要領所謂五寸之矩盡天下之方也

額兵

國家承平之時綠營額兵六十餘萬歲餉二千餘萬兩居天下財賦之半粵捻事起潰散逃亡戰既不能守亦不固各統帥知其難恃乃改爲另募勇丁湘軍淮軍風發飈舉不十餘載已奏蕩平勝負之機優劣之數不待智者而後知矣事平後各省額兵死亡略盡或裁或減或改練軍覈計現存不及其半然兵餉仍需千五百萬金加以勇餉三千餘萬綜計歲需五千萬金以上民力竭矣而兵力仍未可恃也國計貧矣而國勢仍未必强也欲將勇丁遣撤大半無家可歸旣念前勞將虞後患且夙經戰陣究勝尫羸疲惰之綠營若營兵則

安家業長子孫卽盡裁之而不虞其生變也光緒初言路條陳於是有裁兵之議閻敬銘綜戸兵兩部銳意舉行乃內而曹司外而疆吏皆藉口於駐防之不足塘汛之無人文報之難達往還駁詰曠歲稽時裁兵不及千人節餉僅逾十萬艮法美意仍託空言事之不易舉而弊之不易除也若是夫今之營兵皆知其無益矣不知其有害也一鄉一邑恣睢暴戾魚肉鄉民會城勢聚兵多則動輒挾刃尋讎聚衆滋事私鬭則勇公戰則怯卽補以精勇不數年而仍屬疲羸卽調爲練兵甫歸標而又成怯弱縱使不能爲亂不至厲民使國家長養此數十萬無賴之人長糜此千餘萬無益之費何爲者也

而欲裁竟不能裁者則因軍興以來有功將士皆補額缺每營有扣餉每事有陋規書吏武員相將染指贍徇顧慮錮習已成故其不欲裁者非爲兵也爲將也非爲公也爲私也欲裁營兵必裁將領而以勇營之統領改爲提鎮營官改爲副將參游哨官改爲都守千把各缺奏請補授扼要駐防公費養廉務從優厚練軍著有成效者準作勇營自餘綠營額兵剋日按期概行裁撤或缺額不補逐漸删除限以十年必將減盡塘汛文報責成驛站差役仍創設書信館以速郵傳定議堅持勿爲浮言所奪阻撓者有罪奉行不力者有誅汰弱留强循名責實上紓國計下益民生免司農仰屋之嗟絕異

日紛爭之患所謂一舉而數善備焉者也

勇營

今各省所留之勇營大抵當年之精卒百戰之餘生也然少者壯壯者老老者死展轉募補游手無賴羼雜其閒統率各員以缺額爲故常侵餉爲能事酬應奔競取悅當途勇丁亦多有游惰性成沾染嗜好漸與營兵無異自天津淮軍新疆湘軍長江水師三大枝外各省零星數營駐防邊遠疆吏之耳目不及將領之習氣益深器械朽窳勇丁尠少甚或毫無紀律酗酒漁色散處民閒大吏偶有訪聞或將更調則藉端規避百計彌縫務遂其私而後已識者謂不出三十載勇營之弊將有更甚於營兵者方今外患循生內憂未已釐金不

減捐納不停此項餉需歲竭度支之半民力盡矣國計虛矣各弁勇饕飧揮霍之貲皆四海窮民之淚珠膏血也欲免此弊必須兵農合一遠稽古制近考泰西參保甲團練之規復軌里連鄉之法所有次第附見他篇惟是強敵在門諸夷環伺不能一日忘戰即不可一日無兵額兵必宜盡裁則營勇不可以不練其大隊屯駐之地邊防海警日有所聞統帥多忠勇之材士卒有奮揚之氣互相比較便於稽查偶有風謠事難掩飾跳梁小醜徵調搜尋械用必極精堅兵馬務期驃壯尚可無庸過慮也所慮者奇零營隊分駐遐方將士未必賢人數未必實所任者搜捕彈壓所處者暇豫寬閒所與居

游者耕夫賈豎筋弛骨惰終歲嬉游偶當操閱之期雇覓市人濫竽充數始則一營作兩而徧及於各營繼而一省效尤而漸達於各省故勇丁者散之則弱聚之則强練之則勇縱之則怯者也宜嚴敕疆臣隨時抽閱毋徇情面毋務寬容誥誡於先稽覈於後以期兵皆實用餉不虛糜至於疲弱之卒渙散之營可裁者裁可撤者撤仍通飭各營統將隨時宣講聖諭勸善要言教忠教孝及兵法各書俾之有勇知方咸明大義無事則保民緝盜隨地可以相安有變則敵愾同仇隨時可以赴難養其氣調其心勞其身齊其力練其技藝簡其才能人人共矢公忠日日如臨大敵堅如山嶽屹如長城斯

百戰百勝之精軍卽一德一心之衞士以守則固以戰則强
王者之所以禁暴立威有征而無戰也

邊防

東三省女眞之故疆而國家之根本也元起朔漠任穆呼哩開道趨臨潢高州以取東京掩其不備金人腹心既潰乃遷都汴梁以避其鋒愈逼愈南一蹶不振夫前事之不忘後事之師也俄起西方包外興安嶺而東建黑龍江東海濱省固已扼吭而俯背矣所幸者蒙古諸部壯我屏藩萬里風沙勢難飛渡然唪經佞佛久厭戎兵太古天驕已成積弱可奈何

聖祖仁皇帝聖人也振威黑龍江之役分疆畫界聲施至今

高宗純皇帝聖人也當全盛之時不惜糜數千萬之金錢以征西域撫西藏開屯列戍鎮以重兵蓋俄地如長蛇其心如

豺虎一旦有事卽可由新疆出一旅之師攻阿穆爾斯科以截其腰膂苟無此舉則準夷之患顯俄人之患微準夷之禍小俄人之禍大恐不待英法航海東來而已恣睢逞志矣我

皇太后聖人也咸豐同治之間逆回肆叛陰結强鄰西北邊陲次第淪陷維時中原未靖或倡棄地之議乃任左宗棠力主恢復由關內達關外雷轟電掣不數月而已報蕩平彼乃震慴張皇交相駭愕迄今廿載海疆有事而陸路晏然歷年暴横於西而雍睦於東者豈其愛我哉形所格勢所禁耳西藏介英之印度俄屬尋思干基發之間犄之角之左提而右挈之所謂舉足便有輕重者也乾隆時設官列屯一用兵於

廓爾喀僧民讐服烽燧銷沈據瀾滄之上游作川滇之外障故新疆者制俄之券也西藏者制英之樞也雖時閱百年地懸萬里皆所以維持東省保衛中區以永永無極者也今者俄修西伯利亞之鐵路以陰伺朝鮮英開獨吉嶺之通商以漸窺藏衞其事則俄急而英緩其謀則俄淺而英深東省之練軍新疆之湘軍宜若可恃矣惟西藏闒然未經置鎮西人同惡誓死堅忍耐勞戰不易摧攻不易破而況兵饟不足轉運艱難千里饋糧士有飢色鐵路既難猝辦增兵未易遽言是宜募練民兵添築堡砦田廬所在身命所關就地可籌隨時可調風氣各別何如袍澤同仇也水土異宜何如守望相

助也內地之脆弱不若邊民之勁勇也民兵以守客兵以戰戰守具備則窺伺奚由也山之高也江河之廣也關隘阨塞之所叢也沙漠沮洳之所限也邊牆望臺所聯絡也碉房礮壘所防維也有天之險有地之險有昔之險有今之險而非人不足以施而設之規而措之作而成之可合可分可進可退可勝可敗可逸可勞而後可戰可和可大可久可長保此太平之局以無負我

神宗聖祖深思大略長駕遠馭之盛心也

龍江

疆場之事一彼一此因宜制變無舊例之可循也就地取材無成規之可守也國家當全盛之世邊民樂業强敵息心謹守約章罔敢越畔問有恃强淩弱者乎無有也問有以衆暴寡者乎無有也今日萬國通商彼乃乘隙而逞志圖們江東二千里之地拱手而讓之蹂躪我門庭窺伺我堂奧無一事爲先朝所有而我獨拘拘然謹守成憲以限制華民是猶狼虎在門乃束縛家人之手足肢骸以恣其吞噬也譬家有美產良田分授之於愛子其後嗣不知墾種日漸荒蕪他族虎視眈眈垂涎於側爲之祖父者將使人經理轉授之同宗乎

抑忍聽淪亡甘授之於異姓乎此中得失之數愚者知之矣
黑龍江自兵燹以來凋敝摧殘戶不滿萬老弱婦孺喘息僅
存而呼蘭通肯負山帶河數百里腴疆荒廢榛蕪徒爲馬賊
出沒往來之地漠河一區金苗暢旺古所稱東金山也茲幸
金礦已開寶藏日出而呼蘭開墾之事屢經條奏廢格不行
前將軍恭鏜熟察情形奏請舉辦部議調停兩可藏於浮言
奏上之時仍然封禁能禁良民而不能禁馬賊能禁中國而
不能禁外人闡黑龍江旗民亦自知戶少人稀不能久有其
地也遂有甯與外人不願開墾之說併心一志闔戶閉關見
外人則退避不遑見漢民則拒絕日甚在江省旗民効忠屢

世原不忍奪其土地乘入於危然以旗民爲主而佃以漢民可也視漢民如讐而甘棄之於外人馬賊不可也僅棄一黑龍江猶之可也黑龍江失而奉天吉林亦唇亡齒寒危如纍卵萬一有失則大不可也宜請先幾獨斷招墾興屯先令黑龍江將軍清丈稽查何業何主無主者作爲官地有主者歲補租金廣招閒民一律墾種徵其歲入以實邊儲設立屯官經理其事擇明練者爲之長三時務農一時講武勒以軍法編以部伍守以堡砦教之技能無事則資耕稼之豐而部勒可以漸省有事則任干城之寄而敵國不敢相淩卽此日之老弱旗民亦得食稅衣租優游卒歲以漸復其元氣而長保

其故疆夫黑龍江者東三省之上游而奉吉之藩籬門戶也根本至計腹心隱憂未有曲徇私情而聽其貽誤大局者蝮蛇螫臂壯士斷腕施薪若一火就燥也平地若一水就溼也是以君子謹之於微而辨之於早也

奉吉

比年奉吉兩省改定章程開屯練兵建立郡縣榛蕪墾闢漸啟文明商旅往來日臻富庶邊疆氣象逈不侔矣惟是陪都廩給悉仰南方承平無事之時轉運艱難已多勞費又況經涉遼瀋山海阻深設邊釁偶開敵以一旅舟師截之關外則儲胥隔絕譁潰時虞重地要區何堪設想所謂千里饋糧士有飢色者也爾日應募開墾大率京東山左游手無業之民頗受一廛已成土著然而性情桀驁風俗澆漓殷富者蔑視典章貧窘者流爲盜賊教化未立政令不齊外患方滋內憂已伏異日邊陲有警何能執鞭弭衞社稷同仇敵愾以壯我

干城哉夫依人不如自立而善教可以得民比聞吉省邊陲業已廣開金礦第立法或未盡善利於私者不利於官聚衆易於爲非有大利者將有大害况聞奉天各屬金苗顯露日光返照黃色爛然天運之所閒地寶其能終藴耶彼敵人眈眈逐逐游歷之使不絕於途鐵路旣成兵端將啟與其深藏以誨盜何如盡出以予民明季雲南波竜鑛丁萬人遂足以捍禦緬夷屏蔽滇省利之所在人所必爭勢之旣成寇不能往其明效大驗有如此者宜專派礦務大臣督理此事自陵寢重地循例封禁外其他各山各礦一律弛禁招商嚴定章程束以軍法所徵歲課撥濟餉需則司農無仰屋之嗟邊

境有自然之利矣兩省增設郡縣大都新造之區宜籌款募捐廣建書院邊民椎樸向少藏書並立書樓博收典籍院中膏火務極豐饒山長必須得人規制宜加整肅無論軍民人等咸務向學以漸化其獷悍而大啟其靈明庶有勇知方既富且教奇才輩出而隱患潛銷也奉天吉林既有端緒然後變通推暨漸及於黑龍江務使就地生財而百萬帑金無待仰求於他省盡人向學而三千髦士無難媲美於中區國計充盈民情純固無窮之泉府溢於有限之度支也無形之金湯堅於有形之壁壘也夫乃厚德音以先之明禮義以道之致忠信以愛之尙賢使能以次之爵服慶賞以申之時其事

輕其任以調齊之長養之是彊國之本也功名之總也古帝
王之所以威天下而撫四夷也區區敵人又何患焉

朝鮮

今之世一戰國七雄並峙之世也俄之國勢兵力類於虎狼之秦而朝鮮土耳其則東西兩韓也俄王彼得初興所向無敵固嘗囊括西伯利亞窺黑龍江尼布楚以漸肆東封矣我
聖祖命將出師震以兵威責以書問立石外興安之嶺而二百五十餘載强敵息心俄人計絀力窮乃反旆西行滅波蘭吞瑞典併兼坐大復割土耳其以入黑海攻丹馬以出白洋英人合法國百計撓之俄謀稍沮乃爲人棄我取之策通裏海之道收葱嶺以西塔什干各回部南連印度東抵新疆兼弱攻昧取亂侮亡英法不能爭而中國不過問其計狡矣其

慮深矣惟滅國數十寒瘠荒蕪欲西併土耳其而英助之法
雖聯好而德復承之咸豐季年乘中國之亂據琿春以東之
地建東海濱省以逼朝鮮近更糜億萬金錢以修西伯利之
鐵路蓋俄人通商用兵之道西必滅土耳其以入地中海東
必滅朝鮮以出太平洋二國之存亡東西各國之安危所係
也虎兕出柙鯨鯢入淵得志於東必併泰西得志於西亦必
闚中國自然之理無可疑者英人孳孳汲汲西則聯德奥以
保土東則欲聯中日以保朝朝鮮主闇國弱地瘠民窮狃於
故常昧於通變有地不能自墾有利不能自開漸忘卵翼之
恩徒豔西人之富恣情縱欲國債如山其亂其亡可翹足待

萬一爲他人所併則仁川之兵船一夕可達天津咸鏡之陸師長驅以入東省畿疆重地根本要區何堪設想不加保護焉固藩籬北洋所派商務委員望淺資輕無能爲役宜派一二品大員仿古人設監本朝駐藏之例開府持節長駐國都專任武備外交墾荒開礦之事經費無出撥款代籌地利既興分年提繳國中秕政亦得與其王會議改更明告以唇齒之義代策富强俟外患既銷卽行裁撤一切事權儀制準今酌古明定章程派撥護兵一營已足朝人感仰中國且海軍迅速已足壯我聲威也或曰各國饒舌若之何而無慮也英德奧意諸國關懷大局惟恐中國不保朝鮮美倡自主之謀

法有媚俄之意而皆屬民主不關商務誰發難端俄人鐵路未成未敢獨爲戎首日本則與我同患正可陰相聯合併力一心彼之畏俄甚於中彼之欲保朝鮮以爲屏蔽其蓄意亦迫於中也速發禍小遲發禍大機難再失事尚可爲畏首畏尾身其餘幾弱韓地盡六國隨亡得失之機間不容髮前車既覆吁可危已

東海

英吉利之籌度海軍可謂聖矣以彈丸三島縱横四海凌抗中朝非倖也數也海天萬里風潮險惡兵輪一葉絕跡飛行薪水煤糧時須增益不能經年累月漂泊海中也英人徧歷五洲據險扼要如善奕者閒閒佈子入一著而全局皆靈微乎微乎聖智復生無以易之已他埠相距遙遠得失無關風中馬牛姑不具論香港海中一島耳而萬峰環合一鑑淵渟八面颶風不能爲害寬深竅曲可泊多船中國邊海之區自金州復州袤延至欽廉雷瓊之境萬有四千餘里欲求一萬全之船埠如香港者窮山際海未之有也利器假人悔將何

及不得已而思其次朝鮮之巨文島其庶幾乎法越事起日本乘危搆釁竹添進一媒孽其閒俄人虎視眈眈冀覬漁人之利英人力爭先著急以兵船扼巨文島而强鄰息喙時局帖然事後朝鮮索還此島英人持之逾年不歸朝鮮而歸中國力言此島爲東洋門戸關大局安危若畀强俄必貽深慮朝鮮貧弱無能爲役必須中國設兵置鎭爲持久之計以隱杜禍萌會遣某公便道察勘某公假道琿春乘輪出海距島五十里窺以遠鏡貿貿然曰海中拳石耳而置守之謀遂輟噫嘻英人周歷瀛海如掌上觀紋其所見顧出某公下哉蓋中國伊古以來有海防無海戰稽天巨浸不見水端既畏責

言兼工趨避毋甯置爲侯之後日也聞此島縱廣數十里民
庶千餘家鼎立三山形如品字其中寬廣可容千船峰巒回
合颭颶無驚總理春出入之襟喉綰渤澥往來之鎖鑰當英
人見歸之日苟以海軍分戍擘畫經營比及三年已成重鎮
惜機宜坐失草昧未開必高麗自守之而中國陰助之而後
可晏然無事也宜與朝鮮密議就其地建立船隖募練水軍
守以堅臺通以電報開設商埠儲備薪糧通商用兵進戰退
守詩曰迨天之未陰雨徹彼桑土綢繆牖戶維此下民孰敢
侮予朝鮮繫東海之安危而此島又繫朝鮮之得失無先幾
之智不足以保彼巖疆也無燭照之明不足以防其侵軼也

誰秉國鈞愼毋令他人捷足於先而英人竊議於後也

屯田

內外蒙古各部落爲匈奴突厥之故疆袵革寢兵四千年來夙稱强武本朝世爲臣僕申以婚姻宿衛年班忠誠不二屏藩北面屹若長城矣惟自元明以還溺心黃教太平日久厭苦戎兵偶有風鶴之驚則潰敗逃亡有甚於中原之百姓者同治間甘回搆逆以勁卒三百襲破烏里雅蘇臺掠餉銀二十萬兩數萬蒙兵望風潰散前歲熱河土匪揭竿起釁數千烏合之衆淪城陷邑所向摧靡飄忽往來如入無人之境敖漢貝子殉焉自恰克圖大開互市西商車裘駝載絡繹往來萬里邊陲駕輕就熟他日偶有嫌隙敵人長驅直入以勁騎

蹂之東西各盟百萬蒙民勢散力分弓弛刃缺萬一如康熙
時噶爾丹犯喀爾喀之已事旗靡轍亂相率南奔則中外震
驚後患何堪設想卽欲徵兵援救而沙漠懸隔轉運艱難內
地之民不習寒苦前此逆回犯塞議救烏科調撥燕晉之兵
周章三年竟無應者博觀前事可爲寒心者矣夫熱河一地
密邇京師政亂民頑爲畿輔逋逃之淵藪然而地方廣遠壤
土膏腴遼金各朝皆爲重鎭本朝木蘭獮狩講武會盟戶口
殷繁聲威震疊邊民獷悍嗜鬭喜爭動輒挾刃尋仇殺人掠
貨結盟立會綏則屯聚急則遠颺此等不軌之民縱而逸之
則草澤之雄也收而用之則干城之選也宜改作屯田束以

部伍選知兵大帥督理屯政派撥勁旅訓練教操選立屯長以下各官爲之董率力田經武寓兵於農他年創辦有成或行幸園庭親加簡閱餉出於地兵取於民既實邊儲潛銷隱患壯神京之外輔爲東省之後援即敵人敢發難端而馳赴庫倫朝發夕至風土相習聲氣素通絕漠行師安於衽席矣山西錫金包頭各區古之河套南臨甘陝西達新疆塞上民情率多剛勇加以河流浸灌溝洫縱橫經理無人寖成湮廢亦仿此意改辦屯田積粟練兵築城置戍興復水利且牧且耕並峙東西屹然後勁進可救援烏庫退可屏蔽甘涼使瀚海百旗立於不敗之地事有似緩而實急似難而實易似迂

遠而實切於事情者此之謂也非然者異姓宗親誼同休戚二百餘載君國子民棄之不能棟之不易其視中國也如天中國之撫之也如子而强鄰密邇蠶食鯨吞事變之來未知紀極不有以維持保護何以固我藩籬哉

金山

阿爾泰山綿亙數千里爲西北羣山之大幹塞外各大江大河之所發源也左則科布多右則塔爾巴哈臺山麓之地沃衍寬平可耕可漁可牧其上千峰萬岫盤薄深遠環拱中區

聖祖與俄人畫界分疆四體天章照耀絕域環山之哈薩克烏粱海各部落亦復屏藩世守朝貢弗衰誠哉天地之奥區中原之保障矣自逆回搆亂以來句結口外天方種族陰借外兵同時竊發以致天山南北兩路淪陷無遺邊外哈薩克諸種人遂爲外人乘隙席捲力分勢弱控愬無門至今哈部舊酋尚有念中朝而流涕者當日戎馬倥傯萬衆披靡轉世

剌麻棍噶札拉參乃能糾集蒙哈耕屯戰守南摧回逆北抗強鄰烏科兩城蒙古各王公隱然倚以爲重回逆未能踰山而北外人亦未敢越山而南者未始非轉世剌麻之力也所建承化寺一區水聚峰環高平寬廣可容數萬人地據阿爾泰山之脊山下蒙哈萬落牧畜耕耘引水溉田豐收倍穫而折衝禦侮悉稟命於寺內之剌麻外人畏之惡之向總署嘵嘵將棍噶札拉參撤歸西藏仍欲平毀其寺遣散其人而科布多參贊大臣藉口烏梁海游牧故疆力求規復先後經伊犁將軍新疆巡撫熟察情形堅持正議以阿爾泰山一地關西北全局安危彼得之可以進攻我守之可以自固此項烏

粱海種族有事時逃遺無蹤雖復來歸其心叵測萬一引虎
入室陰結外人即可由草地長驅直犯甘陜新疆一省反被
隔絕聲息不通潰敗之形可以立見乃科城主者爭之不已
竟逐蒙哈而返之烏人承化寺僧徒亦撤入塔城之內輸情
媚敵失重損威校蠻觸之爭而昧邛山之禍他日有事此烏
粱海人衆果能同仇敵愾無貳爾心乎未可知已欲弭此患
宜於承化寺故地建立重鎮移駐勁兵以科塔兩城爲後路
督率烏蒙哈三種部落游牧耕屯築壘建城整軍經武並將
舊日封禁各礦一律開采官督商辦以給餉需夫邊疆之事
欲進而退猶可保我故疆退而又退必至無可駐足而後已

內無儲偫外有强鄰千金之隄潰於螘穴往者不諫來者可追地寶所藏天險所在弱肉强食有自來矣此長沙賈生所爲撫心而痛哭也

新疆

新疆改設行省之議剏於龔自珍而成於左宗棠劉錦棠比年以來編戶建城規模粗具矣惟天山南北自遭兵燹人民寥落氣象蕭條土壤荒蕪溝渠湮廢曩見新疆巡撫齎送版籍諸郡邑多者千餘戶少或數百數十名口不敵內地之一鄉南路各城强半回族絕少漢民狼子野心紛然逼處有游歷其地者或謂荒遠寥落仍與塞外無殊土地人民政事簡略如此徒恃此數百萬金之款轉輸勞弊靡有已時撫輯招徠有名無實何足以支拄强敵鞏固邊防哉然則新疆其果不可用耶而亦非也元太祖既得伊犂積粟練兵遂以併兼

西域瓦剌準夷先後竊據其地均恃其强富屢抗中朝南八城水澤紛歧自漢以來夙稱沃壤北路伊犂精河烏魯木齊塔爾巴哈臺等處均膏腴衍沃畝收十鍾承平之時曾以旗民屯墾營田水利故跡猶存比戶歡然豐收倍穫旗民不習耕耨收效已復如斯使悉以漢人佃之則不出數十年井里桑麻儼同內地矣國家休養生息閱時二百餘年各直省八滿爲災游惰滋多因生叛亂邇日出洋謀食者多至數百萬人苟量遣閒民以實兹邊塞則盈虛相劑內外相均旣愼防維潛銷禍變計孰便於此者徒以地隔關山閒以沙漠貧窶無措聲息罕通貧民限於見聞怵於寒苦雖欲去此適彼無

由涉此長途也附近之甘肅陝西向爲腹地自經變亂戸口亦復無多宜募川楚晉豫之貧民漸移於陝甘募陝甘之貧民漸移之關外助以資斧領以官弁撥與地畝給以籽糧保護矜全勿加淩偪先期示諭咸使聞知婦孺提攜樂郊共適更爲之經營廬舍開濬川渠耒耜耰鉏耕芸樹藝開其利源者無不備恤其生計者無弗周使居者無反顧之心至者有如歸之樂他如發遣各犯亦准攜眷偕行安插其閒稍加區別期以廿載而謂新疆一隅有不日臻富庶者其誰信之或曰移民之費將安出乎不知甘肅新餉例扣湘平覈計贏餘歲將廿萬比年關內外裁兵節餉歲省六十萬金一律儲存

甘省藩庫歲出其半以給經費他日耕屯愈廣賦稅漸充萬里邊陲蔚爲重鎮足兵足食無假外求防勇可裁協餉可省所謂一樹而百穫者幸毋惜小費而昧遠圖也

河源

羅布淖爾一地古所稱星宿海也居新疆東南爲漢世玉關之故道南連葱嶺北接吐魯番東達西甯陝西西抵莎車哈密周回二千餘里縱狹而袤長中有大河二道句聯絡貫林木葱蒨藪澤沮洳天氣温和土膏沃衍惜乎人民尠少溝洫未通車馬往來馳驅不便僅有回民百戶錯處分居獵獸捕魚不諳生業寬深廣遠遺利尙多太古榛蕪竟成棄地沙漠荒涼之外有此水泉饒沃之區徒以規畫無人招徠乏術中國視同甌脫土民不識耕耘橫亘區中遠同化外而腹內各省人稠地狹生齒蕃庶十倍漢唐土地之所生不足給求而

養欲一聽其飄零海國廹逐拘囚淡然漠然而不一爲之所
政在養民之謂何矣魏光燾權新疆廵撫曾密遣員弁齎裹
餱糧遠測窮探得其要領所擬十則措畫精詳惟新疆絕少
漢人乃廣募同民以資墾種無論東作之事非所深諳若輩
陰鷙刁頑恐他日生軀生貜轉益西陲之梗千慮一失亦不
得已而爲之也曾魏光燾受代遽去良法美意繼軌無人遂
使千里腴疆仍爲蔓草荆榛荒蕪翳薈之地事機雖值美利
未興雖曰天意豈非人事哉宜令陜甘總督陜西新疆廵撫
西甯辦事大臣各派幹員查明四至繪圖立說熟審情形招
募閒民籌備經費一律修建邑落開濬溝渠發給牛糧製造

舟楫通力合作經營締搆毋分畛域毋勤浮言舊日番回安
爲位置應如何設官經理派兵彈壓分劃疆界興築隄防土
性何宜天時何若其中材木之植礦產之饒鳥獸之蕃魚鹽
之利堪資日用有益民生博攷詳求毋有遺闕及事後應若
何立學校備官司殖貨財通道路籍戶口定科條惠工商籌
轉運務令權衡中外變通今古因宜立制會議上聞蓋本朝
幅員之寬邁越千古羌戎即敘蕃漢同風新疆旣隸版圖藏
衛亦歸聲教維此河源萬里前代之視爲荒遠難稽者窮原
竟委咸居覆幬之中成周以前不可考矣漢開絕域僅屬羈
縻元併吐蕃未遑經畫天人交應若有所待而然不及此時

經而營之疆而理之坐使梗遏窮邊聲聞隔絕轉漕萬里耗
竭中原豈計之得者哉

青海

本朝撫輯西藏至於再至於三均由四川之打箭爐徵兵入藏雖調伊犂勁旅閒道會師然和闐之南限以葱嶺冰天雪海道路崎嶇頭痛身熱之鄉未易引繩而度也故今日入藏必道四川而川藏之閒懸隔六七千里閱數十驛而後達層崖沓嶂深谷大川鐵索爲橋皮船濟渡人難並轡鳥不旋飛險阻艱難至斯而極察木多巴塘裏塘經涉土司之境炎風涷雨瘴日蠻煙夾壩縱橫豺狼出沒夜煨榾柮日食糌巴偶有蠻觸之爭則累月經旬行人斷絕險矣遠矣殆亦天之所以界中外與然而五金各礦照海騰淵大利所藏人思染指

泰西各國游歷之使日月無間絡繹往來比年印度通商開
關延敵隱憂方始事變滋多他日轉餉徵兵勞費險艱勢難
飛達鞭長莫及將若之何青海入藏之途經歷番地適在蔥
嶺之東爲蒙古熬茶之故道雖復荒遠倘利馳驅亦阻沮洳
均能繞越寬平廣邈山嶺無多較之川藏一途何啻霄壤聞
西人游藏之使均由此道往來詳紀物產土宜設立鄂博謂
異日火車飛挽鐵路暢行西道既通即可聯爲一氣陰謀秘
計指掌瞭如而我轉漠然置之度外可乎宜於此間另闢一
途爲藏中之後路青海蒙番各族世篤忠貞惟佞佛持齋好
生戒殺勁悍之氣積久銷磨略與塞外各旗相等宜選知兵

大臣兼西甯辦事之職專任青海練兵事宜募集勁騎數千勤加訓練快槍小礮相輔成軍其入藏道途專派幹員經營修整安設驛站芟刈草萊埤者填之潦者洩之缺者補之嶇嶮者改爲坦直傾側者易以蕩平務使車騎往還刻期可達設藏衛有警則四川爲正青海爲奇旗隊爲前茅蜀兵爲後援短長相救遲速相均犄角之勢成而勝敗之機決矣此道貫穿南北聯絡江河寶氣所鍾含金孕玉歷數千載有美必彰如能博察礦苗集商開采地利既出人力以通荒寒寂寞之區不及十年卽成富庶何必憂貧患寡虛中國以實邊防哉有人有土有財有用此聖王治國平天下之大道高深廣

遠非迂儒一孔所能窺已

西藏

北印度希馬拉亞一山比鄰藏衛出地二千餘丈英人謂即古之崑崙以地望準之實後藏所稱岡底斯山者也距山三百里有巨鎮焉英即以山名名之曰希馬拉萬峰拱抱中闢平原英人費億萬金錢伐山通道行以輪車鐵軌爲印度達官巨賈伏秋避暑之區廛市殷闐樓臺侈麗百貨具備四序如春車馬絡繹晨夕飛馳礮壘兵房軍精械足雖曰西俗奢泰重以多財赤道炎歊例須避熱然地距四千餘里時閱六十餘年何若是其紛紛然不憚煩不惜費哉彼其閒有三策焉阿富汗一隅爲印度安危之樞紐俄人蓄意窺伺時近百

年此地就近赴援有備乃可無患一也中土茶葉西人飲食所必需北印度地近滇南天氣温和土膏醲厚督令仿種可以漸收利權二也藏中山水偏産五金中國僅屬羈縻番民不知開采他日勢脅利誘漸次進窺有隙可乘赴機迅速三也英人造意蓄謀深遠如此而我猶拘守成法掩聰塞明其何能淑載胥及溺邊陲之隱患恐非喀經俟佛所能銷耳今阿富汗國勢晏然彼之邊防固矣每歲出茶二百萬石英人通國無復飲中國茶者彼之美利收矣惟窺藏一端僅以通商發軔十四年之事藏番二萬不敵印兵一千深入窮追二百餘里駐藏遣員和解始行立約罷兵英謀之狡如彼藏礦

之豐如彼番兵之弱如彼印藏之壤地相接又如彼必謂西人不貪土地專務通商謹守約章決無意外雖至愚者當不謂然宜於設關之始託詞護商與達賴班禪第穆諸人熟思審處酌調數千勁旅教練藏番無事之時以萬人爲額仍仿德國之制分別戰守調練番休設有不虞可增十倍餉則取之關稅不足者量賦於民擇地屯田務農積穀內外各礦一律招商開采酌徵稅金四者兼權不敷蓋寡然後合青海川滇之力密籌援應之方兵則習練於平時餉則預儲於府庫一有警報卽可成行苟駐藏得人期以十年當有成效敵人雖悍亦當望岫息心矣傳曰不備不虞不可以師儻壘守當

日之舊章藉口無憑之公法苟安旦夕塗飾太平則泰山壓
卵之形高屋建瓴之勢恐隱憂深患有卽在眉睫之間者蹙
地喪師損威失重越南緬甸其前車也

三省

傳有之曰天子有道守在四夷古詩曰鴻鵠高飛一舉千里羽翼已就橫絕四海故四夷者中原之羽翼也古帝王之所以居中馭外思患預防措一世於治平奠八表於苞桑磐石者也乾隆中用兵於噶爾喀者一用兵於緬甸越南者各二轉輸勞費曠閱歲時幾疑黷武窮兵與古人重內輕外之常經相刺謬矣今而知

大聖人明見萬里實為子孫籌萬世之安後人忽視遠猷不能繼武遂使大盜毀垣壞壁入而伺我於門庭不得謂非失計也道咸之季外患旋生俄併西番英橫東海猶謂西南一

面未撤藩籬乃緬甸既滅於英越南復夷於法暹羅岌岌偷息人間事楚事齊勢難終日而川滇粵西三省遂均有強鄰偪處之虞夫蜀中物產殷繁滇省礦苗盛旺粵西雖非其比然人民蕃庶亦所以屏蔽中原也善審敵情者知彼之所攻然後知我之所守巖疆利藪彼所必爭在我有以待之而已法則南關修道蒙自通商英則蠻暮行輪錫金開市而宜昌重慶復汲汲然建設租界冀以貫通川藏爲席捲囊括之謀履霜堅冰狼貪虎視彼族微意概可知矣宜簡知兵大臣總督川滇粵西三省聯絡一氣專任邊防仍駐雲南居中調度酌裁川督以巡撫移駐成都而廣東貴州自爲一省蓋昔時

之患在內地之頑苗今日之憂在外來之強敵權衡情勢本自不同未可拘守前規自貽後悔也所不可解者滇南一省水澤紛歧金苗豐盛務本則膏腴之上壤逐末則富庶之名邦蒙氏自唐以來閭閻充實士馬精強屢抗王師夜郎自大元明以後隸版圖者六七百年而貧瘠至今重賴東南之協濟異族窺伺日夕垂涎地屬中朝依然瘠土意者人事未盡善地利未盡開難勝官吏之侵漁致費公家之擘畫呼庚呼癸何可長也此三省者均自有可耕之田可興之利可憑之險可用之兵祇須慎選邊材得人而理寬其文法重其事權課其功能嚴其賞罰五章五服以便宜酬不世之勳一德一

心以和協壯諸軍之氣庶藩屏雖撤門戶尚堅所謂失之東
隅收之桑榆者斯國奕救敗之先機即哲相籌邊之偉略爾

蒙古

蒙古諸部自開國至今垂三百載不分內外悉主悉臣申以昏姻盟之帶礪同心同德無詐無虞開闢以來未之有也雖彼族崇信黃教達喇嘛之教令嚴於鈇鉞而尊若神明戒殺好生慈悲懺悔之文有以洗心而革面實由我

祖宗威德天覆地載高厚難名愛之不啻子孫撫之直如父母縱或中風狂走偶有違言則舉族以爲不祥畢世以爲大戮所謂心悅誠服殺之而不怨利之而不庸民日遷善而不知爲之者較前代之金繒歲幣互市和親苟且一時貽譏千古者倜乎遠矣內外各盟汗王貝勒年班宿衞襲爵會盟交

錯糾紛不能自理乃特設理藩院以持其平亘古天驕質成
歸命應如何清明整肅以尊國體而順人心比聞日久弊生
上而曹司下而吏役均舞文骫法欺其巽懦而魚肉之爵由
世襲任意親疏餉出公家恣情婪索蒙民誠樸不識漢文雖
肆貪饕無由發覆甚至大廷之犒賜陰易以朽窳入覲之資
褒明加以扣折復有胥商重利盤剝牛羊駝馬抵算無餘萬
騎千羣長驅入塞蒙人懵於書數吞聲忍辱無可如何休養
生息數百年而生計艱難貧瘠日甚況茲者强鄰密邇挾嫌
成隙慮啟戎心卽云恭順有素未敢輕發難端亦非國家所
以愛養藩維同休共戚之意矣前歲熱河肇事又因某旗員

子恃强倚勢淩虐平民激成叛亂事後僅加贈卹未予追求召變殃民此風亦何可長也宜愼選清正大臣任以典屬仍慮蒙人畏禍雖受抑勒未敢質言責成宿衛王公稽查舉發務將相沿積弊一埽而空仍蹈故轍者重治其罪禁約西商毋得違禁漁利衡情度理明定章程各旗王公亦不得將投下兵民恣行暴虐並於庫倫科布多烏里雅蘇臺察哈爾各處建立學校教習漢文已出痘者入京就學化以禮義澤以詩書大漠窮邊無殊內地矣當日各部嚮化洽之之道從俗從宜未及施以文教者本欲資其勁勇捍蔽疆陲耳乃紅黃二教說果談因消耗其精神困竭其財力致令蒙人怯弱尤

甚漢人何如導之於至德要道之歸齊之以緯武經文之治齊一變至於魯魯一變至於道彼祁連瀚海間有賢人生焉此心同此理同也乃亦有熊羆之士不二心之臣若超勇親王僧忠親王者聰明勇智豎豈異人養之教之而人才出矣若之何而不早爲之所也

暹羅

越南緬甸附庸中國垂數千年邇來自取滅亡終難恢復已餒若敖之鬼誰存趙氏之孤禾黍西風徒傷憑弔矣暹羅一國孑然孤立攝乎兩大之閒而數十年來尚能勉爲支拄者何哉其王本係華籍將相而下大率漢人粵閩兩省之民多至數十餘萬耕屯貿易上下一心近更廣購兵輪精槍快礮延聘德人教練增築西式礮臺地居瀾滄湄南二江之中兩岸稻田肥腴沃衍苗隨水長每歲豐收千倉萬箱不煩人力出口之米販售閩粵及南洋各島者歲至七八百萬石之多民氣綏和地利豐富軍容稍整國勢未衰本年春夏之交法

人因眞臘邊界未淸狡焉思逞相持數月尙能勉强成和不至如越緬之一蹶不振者固虞英人之竊議其後亦其國事之尙有可爲耳第卵石不敵强弱相懸行成以來旣蹙邊隅復償兵費不有以扶植於後恐鯨吞蠶食終蹈危亡暹境湄瀾兩江發源於滇南西藏沿邊之土司夷猓摧枯拉朽弱小難支他日蒼山洱海閒益無安枕之日矣中國鑒越南已事深慮道途險遠兵釁遽開噬臍貽悔况屬藩朝貢久矣不列會同尤慮西鄰責言師曲爲老徒成笑柄無補時艱此老成謀國之深心固不得不計出萬全蓄力養威以徐圖後舉也惟兵法有所云先聲後實不戰而屈人之兵者知己知彼百

戰百勝不深識外人之情僞不足籌肆應之機權說者謂法殄越南英吞緬甸其爲患中國同也而究其情勢之間實有天淵之判英人屬地徧於四海持盈保泰內外相安其商務在東南洋其國本在五印度時慮俄人窺伺不得不結援於中朝未敢顯然與我爲難也法思報德而力有不敵因欲媚俄以收犄角之功與中國失和無所顧忌況英取緬甸以保印度彼暹羅者又緬甸之藩屏也苟歸法人必爲俄有縱橫海上權利已分而新加坡一隅英國經營百年爲南海往來之筦鑰暹爲法熸卽可由湄南頸地另鑿新河錫力商途將成虛設不止暹京商務橫被攘奪而已故暹羅一國中國邊

防所係亦英人大局所必爭也苟與暹約保暹英必喜而從
我暹地華民最衆妥籌保護持之有故出之有名暹人知有
二大國之援益將奮發有爲屹然自立此後如朝鮮諸國亦
不敢以屢棄藩部輕藐中朝旣謹邊陲復張威重吉凶同患
聲援不孤用力少而見功多所費者小而所全者大有志之
士所爲投袂而興也

臺灣

四維之說有先後而無重輕然以上各條一若略於東南而詳於西北者何也良由數十年來海疆多事殫江湖之物力萃朝省之精神籌餉練兵購船造礮業已窮思極慮愼固封疆江海防維迥非昔比矣惟是臺灣一地東南七省之藩籬門戶也臺灣安則東南半壁舉安刻已開府建牙改爲省會撫番編戶治以官司而刱始之初其規制文爲尙有可議者語曰前事之不忘後事之師也前此法越失和敵國兵輪縱橫海上船堅礮利窺伺臺疆告急之章迫如星火而沿海各督撫均藉口封疆重任赴援者寥寥無人非惟船械不精抑

亦町畦未化耳夫臺灣猶之脣也海疆猶之齒也臺灣果失則沿海各省其能有一日之安乎宜以臺灣一省歸南洋兼轄並隸海軍爲海軍提督駐節之地凡屬海防要事江浙閩粤諸督撫均須咨會酌商使各省之兵力餉需瞭然於心目平日之聲聞不隔當幾之臂指相聯何至呼應不靈仍虞坐困此其應改者一也臺疆形勢環抱如屏保障東南大可應援各省敵船雖悍然跋胡疐尾返顧不遑安敢深入內河自取聚殲之禍英國海軍大隊必駐於距京百里之立物埔所以收夾擊之效而孤懸海上亦兵法所謂置之死地而後生也臺灣氣局規模尤爲廣遠惟四面距海非輪船不能往來

非鐵甲快船不足以應機摧敵必須建立船廠與福建船政南洋粵東機器各局聯爲一氣自嫺製造自習駕駛使海壖蜑庶衽席風濤而後通商惠工無事獲轉輸之利儲材製器戰時收搏擊之長此其應改者二也臺灣一省袤長約二千里自山抵海寬者百里狹者不及一里十餘州縣負海依山草創規模究嫌狹小宜以沿海島嶼與內地懸隔者如廣東之瓊崖福建之金廈浙江之玉環舟山江蘇之崇明等處及附近零星小島一律劃隸臺灣設立四鎮相爲犄角各島土著編立漁團可開墾者募民耕種分別遠近治以廳巡既免海盜之潛藏復杜敵人之割據在臺灣則廣其封域在各省

僅棄一瘠區得失無關緩急有備水道不患其不熟曠土不患其不開頑民不患其不戢矣此其應改者三也三者旣定而復能興利除弊輯民撫番籌餉練兵據險扼要則東南一面屹若長城萬里疆陲保可百年無事矣故海軍之設北洋南洋而足矣何必三枝並建竭蹶經營當餉需奇絀之時爲此迂闊難成之舉哉

八旗

國家承平數百年矣南北東西無思不服

祖宗恩澤浹髓淪肌踐土食毛咸知愛戴而況偏災水旱溝壑餘生發帑截漕生死肉骨天覆地載深遠難名海內之人苟非喪心病狂頑嚚聾瞽者其誰敢強分畛域自棄明時哉夫胡越一家與舟中敵國非異人也亦非異地也仁與不仁而已矣我

朝龍興遼海本肅慎氏之故疆古所稱東方君子之國也漢武帝開置遼東白山黑河咸居封內遼金元三代設立郡縣分建都京政事人民儼同腹地明時三衛列戍分屯我

世祖皇帝入主中華時雨之師救民水火無論軒轅顓頊本屬同宗畢郢諸馮原非異地即此伊傅望散之佐干城腹心之民固天下人所尊之仰之親之愛之而不啻父母兄弟者也自隸以兵籍編以旗隊任以駐防養以有限之錢糧束以無涯之生業害則旗民受之而利則與漢民同之愚惰者漸即非彝賢智者亦無由奮發愛之而反以誤之親之而適以疏之矣每歲京餉七百萬金此項餉銀什居八九度支已竭而庚癸頻呼生齒日蕃而生機日絀伊古以來未有舉家仰給於官而可以宿飽者乾隆嘉慶之際謀國者已緦緦然慮之汲汲然圖之而卒未有良法美意以持其後蓋久則難變

習慣自然月餉數金有同雞肋縣使之改絃易轍而事非素
習未必遽能養欲而給求也此時設法疏通必持之以恆而
守之以漸宜將中外駐防旗民揀選精鋭豐其廩餼改作練
軍其不任荷戈願出籍就四民之業者准借給十年俸餉欲
農則撥以地欲商則助以資廣開工藝之途更闢科名之路
所在著籍不必同旗身家既可自謀俸餉即行停給官至三
品以上本身及子弟均停俸餉四品以下停給本身世襲人
員循舊辦理明示以太平日久中外一家之意昔時禁令咸
與開除以免拘攣而廣生計出籍之後儻有孤寡煢獨困窮
失所者仍准所在呈報官司查明收養酌定款目作正開銷

庶於變通成法之中仍寓眷念勛勞之意他日熙熙皞皞康
樂和親國計日紓而民生日富矣至於入官之途旗籍漢民
聽其自占閒曹宂職一律酌裁至正至公可大可久措斯民
於大順返斯世於大同君子賢其賢而親其親小人樂其樂
而利其利訢合無閒形迹兩忘斯萬世無疆之業也

三署

明之亡也由於流寇徧天下軍情萬變事隸本兵牽制稽延動逾歲月以致將士解體一蹶不振以迄於亡本朝入關廟算優長鑒明覆轍雍正閒特設軍機處以捷文報武功文德震古爍今自漢以後未之有也咸豐同治而後泰西各國立約通商交涉繁多動虞開釁因立總署以講信修睦通好聯交樽俎折衝賢於十萬師遠矣光緒建元法越事起兵船十數狙擊海疆去則難追來亦叵測閩船盡燬臺地將危於是議建海軍以聯絡將士保京津之門戶固江海之藩籬因時制宜懲前毖後先幾勝算事有必至而理有固然非一孔

愚儒所得橫生訾議者已惟當創始之際均以爲權宜立制日後終當減裁故草創規模未遑深計樞垣規制屢經修改精嚴整肅積弊一清惟額缺無多不入京察章京傳補而後仍須本署兼行夙夜在公勤勞尠暇精力有限意慮不專恐非所以慎重樞務也至於總署海軍雖由剏設然前有千古後有萬年以輪舟鐵路電信三事觀之從此萬國通商遂將一成不變敦信明義不能無使命之往來建威銷萌豈可少師船之游駛天意所極人力所通斷難絕市閉關仍如前日則暫立之制將成永久之章安可因陋就簡仍踵前規致事患紛更人懷僥倖乎樞垣漢章京自粤捻軍興已增二缺仍

宜稍爲增益每班十八俾軍務殷繁無虞竭蹶章京額缺略
仿部曹卿寺自三品至六品分職正名以次遞升勿兼本署
京察之歲揀選得力者二員列爲一等內升外轉定立階資
總署之名宜稱外部刻堂官衆多意見參差轉滋叢脞甚則
互相諉卸宜以三人或四人爲額簡曾經出使者爲之愼選
章京編立額缺亦加京察以重考成海署新章尤多遷就並
宜設立各缺入之京察參用漢員略仿樞垣總署章程辦理
平時職掌應以海圖防務餉章兵制爲四大宗建置專司分
門別類若網在綱有條不紊矣夫三署者制敵之機緘而自
強之根本也必須酌古準今明定規制而後官守有定民聽

不疑著一朝戡亂之經開萬世同文之治易窮則變變則通
通則久傳曰用志不紛乃凝於神詩曰亹亹我王綱紀四方
又曰有虔秉鉞如火烈烈則莫我敢曷此之謂也

胥役

自胥役盤踞要津而天下之良民寡不肖之民衆矣自要津重用胥役而天下之良吏少不職之吏多矣凡事利與害常相因法與弊常相積惟胥役者則以法生弊有百害而幾無一利者也顯絕其嚮上之望陰授其爲惡之權刻予以養贍之資寬示以貪婪之路雖有聰察末由炤暮夜之奸縱極廉明豈可闕爪牙之用官司有更替吏役無去來官府各有責成吏役隱相句結鋤而去之不能也革而除之不得也更而易之而如故也附骨之疽割之而再發憑城之鼠薰之而即危文法之弊至斯極矣然則吏役其竟不可用乎而亦非也

治之之法厥有三焉一曰嚴定限制吏役如矢人惟恐不傷人豢吏役者如養虎狼惟恐其傷人者也多則稽察難周少則防維易密今六部之散吏每署至數千人州縣白役大邑千餘人小邑亦數百人此輩眈眈然逐逐然日思致富而無一藝可以周身所取之財非萬姓之脂膏即公家之帑藏也宜申明舊制酌定額數奸胥蠹吏立予刪除違者罪其本官參處勿貸則人數減而黨類漸孤矣二曰優給工食彼吏役亦人耳飢欲食寒欲衣父母妻孥仰事俯畜而歲給工費不足供數日之餐不舞弊焉烏在不凍餒而死也峻法繩之彼將藉口宜籌閒款優給工食務足以養其身家而後嚴定新

章禁絕需索續有犯者處以極刑則法令行而生命重矣三曰量予出身舊制吏員歲有考察自捐例廣開仕途壅滯而選補無期宜令公正者得保鄉官酌量才能授以散職惟差役賤隸人所不齒故虐民最甚而積弊最深宜擇安分練事者或賞給頂帶榮身或咨送勇營補給糧餉著有勞績一律保升則上進有途而人思自奮矣減其額恤其家重其賞嚴其罰彼吏役者素知國法亦具人心而謂其恣肆冥頑仍如今日之索賄營私殃民害政無是理也或曰吏役者官府之耳目爪牙也減之而政務殷繁慮多棼亂民情刁健將啟抗違可奈何夫鷙鳥累百不如一鶚今之吏役治事則不足亂

法則有餘誣艮是其所長緝暴是其所短嚴稽慎選興事勸功既已厚其薪工而加以拔擢矣則十步之內必有芳草靈泉嘉木不擇地而生誰謂簿書徒隸之中遂無卓犖英奇之士哉

煙稅

洋藥之流毒中國也天也英國度支仰給煙稅欲印度不種而不能也中華士庶半癖煙霞欲華民之不食而亦不得也道光之季蓋嘗嚴刑重法以禁之矣使當日者煙土不燒則兵端不啟兵端不啟則商局不開猛虎在山藜藿不采或者天心厭亂隱憂深患自此消弭未可知也乃彼之情偽不知我之防維不密形見勢絀受制外人遂致海溢川流其禍至今而愈烈閉關絕市終古無期事變循生追悔何及故曰天也然而天定勝人人定亦勝天先天而天弗違者君相之所以斡旋氣運也此時議煙禁者有兩說焉皆是也而皆非也

比年以來罌粟之田徧於各省泰西亦有善士設會禁煙而英人以土藥盛行相率藉口我不自禁而欲他人之先禁不可得已持禁煙之議者欲先以嚴法禁中國而後以公理責外洋其論正矣其慮長矣而禁者如故種者食者亦如故也卽使中國果能禁絕不種而印度之能禁與否尚未可知徒使洋藥暢銷歲增億萬金錢擲之虛牝近乃一切寬法省禁聽其自種自吸付之不見不聞土藥之產日益多洋藥之來日益少就目前而論亦足以稍收利權矣他日必至無地不種無人不食精膏瞎竭杼柚盡空如水益深如火益熱沉酣固結不可終窮故弛禁之說可以取濟一時而不可以傳之

後世者也夫勢之所積患之所成非一朝一夕之故其所由來者漸矣事由漸開當以漸禁漸禁之法非重徵其稅不可集成巨款旣可以籌措海防逆計將來復可以消除隱患厚斂之而民不敢怨也刻繩之而法可必行也富者不較錙銖而貧者日思撙節使天下人皆知煙之爲累深焉久焉厭之苦之庶已食者可以戒而未食者不欲食乎或曰今洋藥則釐稅併徵重費唇舌土藥則按畝加稅徒擾閭閻可奈何夫煙之爲物或種自內地或販自外洋市易銷售必有其地宜議加落地之稅無論洋藥土藥自某年月爲始一律倍徵期滿五年再加一倍加之不已以禁絕爲期隱匿者有誅偷漏

者有罰堅持定見勿動浮言仍於其中酌提一成設立戒煙之局廣籌醫藥詳立章程以不禁禁之至三十年則稅加六倍其貴與黃金等庶人知趨避而煙害可永除矣此大易之隨所由必繼之以漸也

倉儲

水旱天災也所以救之者人事也古之時耕三餘一耕九餘三以三十年之通制國用隄防溝洫備之於先儲峙糧糗恤之於後是故發棠既請氛祲潛銷歲有豐凶而民無流散者誠有其道焉自漢以降常平義倉社倉之法規制綦詳救災恤鄰宛存古意國家折衷今古愛養黎元整頓倉儲歲歲增益而於北省尤所究心良以水利久湮轉輸非便北人愚惰不識蓋藏樂歲豐收粒米狼戾及偶逢饑饉則束手待斃或流離轉徙散之四方非備豫於平時不足以恤災禦患也粵捻之變淪城陷邑所過蕩然舊日倉儲概遭焚劫自晉豫大

旱以至山東順直疊次水災議賑議蠲幾成故事上則截漕發帑至再而三下則查戶勸捐有加無已惠則惠矣然懸隔千里轉運艱難已斃之民甯能復活使每邑有數萬石之米以立救飢民則曲突徙薪所全尤大何至一省告歉四海騷然哉且天變無定期而正供有常額受者無實濟而施者有倦容萬一弩末難穿鞭長莫及則他日災民百萬塡渠溢壑生理遂窮言念及茲何堪設想論救荒於今日鐵路實爲要圖而議論既已難調財力亦苦不足無已則規復常平社倉之遺制以暫救目前乎夫北省之地力厚厚則樹獲易豐也北方之地氣燥燥則收儲可久也經理之覈實則官不如紳

散放之得宜則銀不如米建倉之地當視戶口之多寡而酌予變通告糴之資可提賑款之贏餘而量爲補助且鼠微物也猶知積粟以御冬蜂微蟲也尙識采花以釀蜜豈斯人靈智反遜昆蟲並宜勸諭民閒思患預防各謀蓄積豐則慮歉飽則慮飢樂歲紅陳勿加狼籍倉箱充實牖戶綢繆使閭閻有三歲之儲則朝廷無一朝之患矣或曰倉儲之說似正實迂所謂老生常談者非耶而不知方無古今中病則驗射無巧拙中鵠則神比年籌賑募捐艱矣瘠矣水旱偏災事所恆有不籌一善後之良法則呼庚籲癸長此安窮濟衆博施堯舜猶病矣以積儲爲經而緯之以水利以倉廩爲主而輔之

以輪車疋本清源裒多益寡中原萬里雖終古無災可也

保甲

天下大矣人民衆矣古之聖者視天下如一家撫中國如一人不灼知其戸口之多寡風氣之剛柔士農工商所執者何業東西南朔所居者何方倀倀然擾擾然若馬之無轡舟之無楫何由御繁以簡舉重若輕運天下於掌上哉故保甲者三古之遺規百爲之綱領而萬化之權輿也漢世黄老盛行高言清淨折衡剖斗賦役繁苛比及唐時改爲兩稅元明而降統曰地丁本朝豁免丁錢蠲除徭役厚生利用生齒日繁嘉慶時天下戸口之數已逾三萬餘萬大生廣生之德曠古所未聞也軍興以後伏莽未清屢下臣工力行保甲以實稽

民數而潛杜奸回乃一紙空文終年往復稽查督責虛有其名徒增供億之煩絕少奉行之實其名城巨鎮耳目昭彰間立門牌以應故事至於窮鄉僻邑江市山城則闃寂蕭條從無過而問者即使派員督辦下檄嚴催亦不過遣役僉差徒滋擾累致先王良法美意轉爲里役衙蠹婪贓索賄之資積弊深微末由挽救保甲其一端矣此其故由於親民之官溺職孤恩不能盡心民事也固也亦由各省牧令轄境太寬而佐理無人不得不授權於吏役雖設丞尉祇解營私亦有監司徒增掣肘重以三年任滿遷調頻仍別有升途不關治行情形不熟而政令不行此所以內外孳孳然日思求治而天

下愈不可治也惟鄉官旣設則保甲可行十家五家爲保爲伍版籍之稿數可一覽而知奸宄之潛蹤可一索而獲至如興養立教成俗化民均若網之在綱絲之就緒有條不紊井然秩然彼牧令者總其事仰其成而已國家之闓澤壅蔽而無從官府之文書奉行而愈速恩施可以下逮而疾苦得以上聞何至廉遠堂高情睽勢隔上欲舉一事而曠世難成下欲訴一言而終身莫達哉故嘗謂今日之弊民之望官也如天屬僚之望上司也如天臣鄰之望宮闕也如天如病呃逆胸膈不通如患痿痺氣息僅屬以致外人肆逆陵侮中朝尊攘有心而挾持無具也君臣一德宮府一體上下一心如身

使臂如臂使指合中國四萬萬人之精神才力共圖一自强之策雖併吞四海無難也而何畏乎英俄何憂乎船礮何懼乎陰謀秘計之協以圖我哉

名器

傳曰惟器與名不可以假人帝王之所以奔走天下者名器而已矣有僥倖之路則朝廷爲之不尊無是非之公則豪傑爲之不奮夫國之有賞罰猶氣之有寒暑歲之有春秋天之有風霆雨露也極北恆寒之地嚴霜積雪百卉凋零生氣索然適非人境赤道之下四時恆燠卉木盛茂百產蕃盈然物脆而不堅木華而不實天時雖美而地道無成其弊亦與恆寒等故必威克厥愛而後能持温肅之平必公爾忘私而後能振功名之路軍興而後保舉滋紛一案多至數千人一官升至三四級猶曰殺敵致果非是不足以勸首功也漸而及

於洋務矣漸而及於河工矣猶曰絕域往還宣防勞苦非是不足以致異士奬勞臣也至如賑捐累牘以邀功海運頻年而入告事端至瑣聯銜張大以陳詞奏案將成四海奔馳而附景廟堂以寬大爲治官吏以苟且爲心上下因循不可救藥他日偶有軍事或議邊防恐恩勝則濫名實相亂通侯騎尉不能開戰士之心爵命告身未足壯戎行之氣矣歷觀往古當全盛之世朝野上下人才衆多其名器未有不慎者及其衰也人才鮮少罰不必當罪賞不必當功其名器未有不濫者慎與不慎之閒家國安危之所繫即古今治亂之所由開也夫曲突徙薪無恩澤焦頭爛額爲上客自古已然於今

爲烈不有先幾之智何能以永保太平不有燭照之神何足以潛銷隱患宜定爲三等計勞績之階資深識遠猷懲前毖後關異日之治忽者上也宜密陳事實以須不次之升所謂千里之馬曠世一逢甯闕毋濫者也邊事海防制勝克敵保見在之疆圉者次也宜力戒瞻徇以絕虛冒之弊所謂百金之士忘身殉國功績著明者也此外紛紛則皆尋常勞績宜限其數嚴其格峻其防薪俸可優而班資不可幾賢勞可錄而爵賞不可干昔日倖獲之徒並宜考察賢愚示以區別剔除積弊務獲眞才異數難邀虛名乃重持之二十載而後萬民安業四海清澂野無遺賢朝無倖位何至如今日之肩摩

轂擊馳鶩往來擾擾然而爭憧憧然而亂哉夫莠稗不去則
嘉禾不生綱紀不明則賢才不出文武之道一張一弛至今
日而弛之極矣非改而更張焉何以獎不世之功應非常之
變也公忠體國之君子當不河漢斯言也

庸書外篇卷上目次

廿八

圖法

交鈔

鐵政

利源

虞衡

鐵路

賽會

稅司

公司

庸書外篇卷下目次

公法
使才
驛傳
刑法
旅人
南洋
海圖
漁團
天文
電學

教人

聖道

自敘

洋務

傳曰萬里之外王者賓而不臣何則威有所不加力有所不及勢有所不便卽令有所不行也泰西各國相距七萬里敂關通市攘攘者特爲利來我以賓禮待之以敵國視之情也亦義也西人文章制度整肅可觀不若戎狄之顓蒙未啟也陸師海軍精彊罕匹不若苗猓之聚散無常也伊古以來諸夷猾夏有如是之聲明文物犂然井然者乎無有也而且懸隔數萬里之遙溟海風潮累月始達卽使戰必勝攻必克安能如漢武之犂庭埽穴聚而殲之海中乎有以知其必不能也彼可以來我不能往我雖不往仍不能禁彼之不來然則

今日之講信修睦通使聯交畔則擊之服則舍之通商用兵徐待其𡽟理也亦勢也皆所謂建諸天地而不悖質諸鬼神而無疑百世以俟聖人而不惑者也歷觀屢朝全盛之際非無敵國外患也然經猷宏遠四海周知如日月之代明天下莫不見也及乎叔季之朝偶有邊防務爲諱飾我聞有命不敢告人因而內政不修外訌益甚朝野上下相蒙相遁以迄於亡諺曰諱疾忌醫不死必殆橫覽古今有如蓍蔡矣此皆踵亡秦之故習欲盡愚黔首以取濟一時而豈知欲蓋彌章積微成著事多疑似轉啟戎心用出機權愈開變詐民無信不立師之克在和彼句踐之嘗膽卧薪生聚教訓非舉國臣

民一心一德何由興越而沼吳哉此言雖小可以喻大而況今日者禮儀敦睦聘問往還雖有跋扈之形尙少淩夷之漸無叔姪表文之恥辱無金繒歲幣之要求在近今爲創見之文稽古昔亦尋常之事又況輪舟鐵路天意所必通海錯山珍人情所樂用重以電音飛達日報暢行朝發一言暮周四海乃猶聞雷掩耳自以爲諱莫如深乎識者笑之矣謂宜一切示以大公持以大信明諭中外咸使聞知無事則愼守約章堅持和議其或無端淩侮則同心戮力與天下共擊之夫而後是非衆著而下少離心視聽不疑而事無掣肘也至於操縱之方畧戰守之機宜先發制人自應秘密又豈僅洋務

一端而已改權宜之制成久遠之規屏迂遠之談定折衷之法持平核實力策富强殖貨務農招攜懷遠可使制梃以撻諸國之堅甲利兵矣

西書

文字之興肇於中國而展轉流布漸達於泰西今埃及於尼祿河濱掘出之古墓古城石碑石壇所鐫文字大類中國古時蟲鳥之篆鐘鼎之銘會意象形宛然可指而意大利二千年上火山湮没之城垣房屋街衢率同華制並有樂器笵銅爲之其聲淒壯高清如中土之畫角者然泰西古名國如巴庇倫馬基頓波斯埃及希臘之屬均在葱嶺之西南聲教之訖自東而西諸國之遞盛遞衰迭相雄長亦自東而西竟委窮原了無疑義惟古籍罕存書缺有閒其蹤跡之尚有可攷者若渾天之說仿於周髀借根方謂之東來法火器之制西

人有仕於元者攜之而歸精益求精遂稱無敵自餘生電印書諸法均舣於中國而巧於泰西若夫政令之嚴整務農殖貨崇重富强軌里連鄉日圖兼并則管子之霸形也教法之混同傳道拜天自忘祖考摩頂放踵以餂途人則墨氏之兼愛也崑崙有黃帝之宮焉度當日萬國來同本無中外兼洪水之說中西紀載畧同可知昏墊懷襄彼此人民遂相隔絕迄秦政焚坑而後必有名儒碩彥抱器而西致海外諸邦制度文爲轉存古意禮失而求之野久假焉而不能不歸也比年使命往來見聞日廣中國聰明材智之士亦知讀書稽古師夷制夷然畫革傍行不識佉盧之字京外同文各館畧習

洋文者又復闇於大體忘厥本來以故通商用兵垂數十年欲求一緩急可恃之才而竟不可得皆由學問之士不達西文浮薄之徒鄙夷中法其兼通總貫如曾紀澤者蓋概乎其未之有聞也欲通外事宜譯西書密諭使臣廣行繙譯夫泰西出使之任曰修好曰偵敵曰護商案牘滋多職守綦重中國自美日秘而外歐洲各埠本少華商新設海軍威難及遠使館節省經費杜門謝客聲氣不通國政兵機諸多隔膜護商偵敵無可言者優游三載坐待保升濫竽尸位之譏其能免乎況使署繙譯兼備中西彼國藏書取攜甚便苟以此事責成各使督率參佐專譯有用之書先期奏明給予優敘奮

勉者奬庸惰者除旣覘通才亦免浮濫進呈而後發各省官局刋布頒行彼亦有善本單行藏之祕府必須照會始可搜求西人高氣矜心旣於彼國有光復喜邦交日洽當無不欣然相授者分門別類棄短取長經費無須另籌名器無由濫竊開今古同文之治養國家戡亂之才所謂舉一反三事半而功倍者也

游歷

今之世一維新之宇宙也古之言天者占星揆日歲實歲差不及百年輒多乖舛今有地球自轉之說始知行星百數均繞太陽而目所見之恒星皆日也於是古法盡廢千秋疑竇一旦豁然日至歷元不差累黍此天文之新志也古人望洋向若輒云海與天通方丈蓬萊轉相傳會今則五洲鼎立萬島星羅輪船往來有如戶闥開方計里瞭然掌上之紋乃至南北氷洋亘古人跡不到之區亦能鑿險縋幽窮其究竟此地理之新圖也古之時搜神紀異侈語仙靈誇誕荒唐本無足據今則輪舟鐵道儼縮地之神方電報氣球即補天之秘

術一燈如月光照百城二氣轉輪力逾萬馬以至快槍巨礮鐵艦魚雷無堅不摧無遠弗屆權侔造化功奪鬼神此人事之新法也古人取五行百產以利用宜民以云天無棄材地無遺利則未也今則輕養炭氣考原質之所成水土木金悉化分之何自耳目無偶遺之物山川無不洩之藏動植飛潛察形聲之變異金石骨角化朽腐爲神奇訂山經地志之譌開格物致知之學此物產之新理也此外精思奇器日異月新疊疊深深未知所極跡其靈奇變化疑於鬼斧神工及徐而察之則高以下基洪由纖起淺嘗深造均有階級之可尋極人巧代天工廣地利盡物性此豈海外小夷所能爲乎然

則孰爲之曰天爲之天欲闢一萬國大通之局而道里悠遠山川閒之非此不足以提往來資日用也更新之氣運天實開之而謂人能遏之哉惟中國局守舊聞坐受其敝撫膺扼腕徒託空言即有明智之人熟察情形變通盡利未幾而羣疑衆謗爭集矢於其身自怙前非不懲後患議論之淆雜家國之安危繫此矣謂宜明諭近支王公及中外大臣有能比跡張騫乘槎海外者官給資斧許其自陳預由總署照會列邦送迎接待回華後閱歷有得量材器使予以事權其有壯志華年願留學習者亦助其費至四品以下文武員弁有欲出洋游歷者先由官長考驗如果學識通敏亦准給予資裝

惟須計日往還畧示限制如願留學習並給半費隨時由使署稽察以廣裁成當日俄王微服至英親入海軍習業三載回國而後水師雄武頡頏泰西日本東瀛小國耳通商五十年而製器練兵卓著富强之效者豈其才智遠過華人哉由其國親王大臣游歷各邦具有心得嗣後綜絡樞要併心一志百廢具興是以西人敬之而華人畏之也必囂囂然曰我大國也彼小國也既不能令又不受命刻舟膠柱不思改圖他日必有先受其禍者故公忠體國之君子不可以不知天

育才

天地之生才而不能以自成也必國家有以養之而後人才不可勝用也而惟今日之洋務開古今之大變爲耳目所未經欲閉關絶市而不能方合縱連横之是懼而且船堅礮利國富兵强發五行百產之精礱墨守輸攻之巧即使窮年畢世已苦於莫究莫殫矣重以文字不同語言不達書須重譯理未易通守舊聞者固執而不移學新法者淺嘗而自足以故通商遣使風氣漸開雖能稍習其情形終未悉通其肯綮彼粵閩市儈畧解西文納粟補官列居津要而若輩於中學西學均屬茫然折足覆餗之譏其能免乎而況乎其心未必

可恃也卽使忠誠不貳而已上辱國家也矯其弊者又深惡痛絕欲一切屏而棄之自以爲秉公持正矣然性情各別嗜欲不同操縱失宜猜嫌卽啟與戎召釁厥罪均也曾國藩有鑒於此當同治之初創出洋學生之議領以卿貳之任置之莊嶽之閒以爲事半功倍矣然髫年稚齒書數未諳攜以出洋憒無知覺雖涉西學僅屬皮毛而先已厭薄中朝沾染異俗此非立法之不善由所遣之未得其人耳宜由各省學政揀選聰穎諸生年在二十歲以內通古今識大體而氣體充實能任辛勞者諭其父母及其本身厚給資裝咨送總署使臣持節攜帶出洋期以十年分類學習仍以半日溫經讀史

期滿回國考驗有成賞給官階速其升轉分撥總署海軍商部及南北洋大臣量材器使予以事權願就科舉或藝學科者賞給舉人一體會試此一途也中國海疆各埠英文法文之館櫛比星羅僅習語言未嘗學問以致習向汰侈情性囂張成者可備舌人敗者流爲匪類中西之游手無業者龐雜其間作奸犯科無所不至人心之敝風俗之憂也宜於各埠一律增設書院延聘中西宿儒主之薪俸必極豐饒規模必期閎壯齋舍制度參仿華洋由海關道主持其事所需經費酌取之關稅房租約捐百分之一已能敷用學業成後咨送京師考驗錄用補官次出洋學生一等願應藝學科者賞給

生員一體鄉試此又一途也蓋今日萬國通商千古非常之變也既有非常之變必生非常之才不有非常之才不足以待非常之變養之於平日選之於清門博其才能端其志業以清流品以肅觀瞻闢此兩途持以廿載則奇才碩彥應運而生萬里中原媲隆三古我

國家億萬載無疆之業肇於斯卽全地球大一統無外之規亦開於是矣

藝科

科目之興一千有餘歲矣耳目之所熟習心志之所專營所得人才斗量車載其所以行之永久屢廢屢興終無善法以持其後者蓋深合於古人敷奏以言之義此郡縣之天下至當不易之良規也通商以後時勢變遷論者憂國步之多艱慨書生之無用遂有欲廢科目之議無論鄉舉里選古意久湮驟而復之易滋流弊彼三品之第專重門楣則寒畯之出身無路矣諸色之稱下及匠役則選人之託業已卑矣等量齊觀絜長較短何如科目以詩書之氣化鄙倍之心即未必所舉皆賢猶可拔十而得五乎故科目之制變而通之推而

廣之可也因而廢之不可也變通之法考之鄉評試以政事己見於鄉官一議矣欲推而廣之非增設藝學科不可而欲增藝學科非預有以教之養之不可曩者法越失和海防孔亟中外束手患於有器而無人侍講潘衍桐請開藝科交閣部會議然而試官無其人也舉子不及額也統維全局窒礙亘多禮部調停其閒改藝科爲算科以二十名中一名爲額行之數載每歲大比數皆不及廿人文具空存竟同旒贅盍當事意存歧視則聞者有戒心他日用違其才則行之無實效而中西學術本末相殊不有以作育於平時則欲學焉而旣苦無師欲往焉而又憂無力也見卵而求時夜見彈而求

鴉氛不可得已茲既遣幼慧諸生出洋學習矣沿海各埠見聞相習聰俊子弟不乏其人復增設大書院以教之矣嗣後鄉會屆期宜由禮部先期奏明人數若干請定中額開科之始以二名取中一名稍寬其途以資鼓舞當總署錄科之日考核不妨稍嚴俾通達者不致見遺而摽竊者無由倖進立科暫久人數漸多則中額隨時酌增約以五名取中一名爲永式所命題目宜切藝學別於諸生考古證今致諸實用並嚴查夾帶以杜雷同勦襲之端殿試亦然另爲一榜翰林以備海關出使部屬以分譯署海軍詳定階資以垂久遠三十年後無棄才矣至今日科場條例整肅精嚴然繙譯則請試

他途滿員則另行升轉正可援照此例以待奇才夫而後視聽專趨向壹留情時務者不致以異學見疑自詡科名者不敢以他途相詬變通盡利體用畢賅綜貫中西權衡今古斯久安長治之良模也

商部

語曰識時務者爲俊傑今日之時務洋務而已矣然其間自有緩急先後之序焉不可不察也今之言洋務者動曰講求公法整頓海防製器練兵購船造礮自以爲當務之急而不知皆緩圖也自以爲得氣之先而不知皆後著也夫中外之局和與戰而已矣通商與用兵而已矣勢如連鷄莫敢先發其戰也亦所以成和也其用兵也亦以爲通商地也太古之世粟帛交易民或老死不相往來迄乎貨殖成書日中爲市官山府海齊擅富强服賈牽車衛隆孝養以及漢書鹽鐵周府泉刀大官或算及錙銖八政莫先於食貨唐開互市邊關

茶馬之征明遣寶船番舶珠犀之利今日者五洲萬國貿遷有無風氣大通舟車四達可知道里廣遠貨幣往還此端既開斷難再塞前有千古後有萬年從茲四海通商遂將一成不變也審矣惟是中國人情自利自私不諳商務上下隔絕聲氣睽孤比年出入之間歲絀數千餘萬他日川流海溢財盡民窮雖有良平無所藉手如越南印度諸國利權盡失受制於人殷鑒非遥可勝太息不有以整齊之調護之何由轉移風會宏濟艱難哉謂宜仿泰西各國增設商部筦以大臣並立商律商情商平商税四司分任其事商律者保商之政也以泰西商律譯出華文情形不同者量爲删改通行遵守

以杜奸欺商情者恤商之政也時其豐歉除其疾苦劑其盈
虛勿使下情壅於上達商平者限商之政也總挈中外盈寡
裒多使商有所贏而民不爲病略如漢書平準之意籠萬國
物價而使之平而國家之公司附焉商稅者榷商之政也海
關常關釐金雜稅之類咸隸是司比較成虧權衡贏絀上期
足國下不病商而內地稅釐亦須照海關新例查開貨價按
結報明漸撤西人稅務司增立內地商政局主持稽核如此
貨昔多而今少昔有而今無必須斥駁行查攷求其故貨之
壅滯商之折閱維持補救必審其方參酌中西務臻美善夫
中國舊制崇本抑末重農而輕商今日釐稅兩宗數與地丁

相埒京協各餉挹注所資假使無商何能有稅民力竭矣國計隨之必執不言有無不言多寡之詞苦相詰難恐膏脂有限悉入外洋他日之患寡患貧有出於尋常意計之外者無財不可以爲悅徒法不能以自行富國強兵非商曷倚不設專官以隸之不足以挽回積習也此救時之急務制敵之先機若之何其習焉若忘忍而與此終古也

稅則

稅則者國家自主之權也非他國所得把持而攙越者也泰西諸國雖弱小如瑞士丹馬比利時至弱至小如塞爾維亞門的內哥之類苟尙能守其社稷則稅則之或輕或重無不由國君自主之何項應增何項應減祇須先期一年知照各國各國之商於其地者帖帖然無異辭也各國使臣之駐其國都者亦唯唯然無異議也卽或賦斂繁重商旅裹足不前惟有婉與商量諷其更改從無用兵相挾下旗竟去之事蓋西例然也旣已商於其國受其保護分其利權自應靜候稽徵輸納稅課此人情天理非可憑恃勢力强人以所難也中

國當道光之間勉强行成情形隔膜誤將稅則載入約章夫條約所載者兩國之公權也太阿倒持授人以柄九州之鐵鑄錯竟成非惟中國所未聞抑亦西人所不及料矣日本與泰西立約受弊畧同十五年春日本換約日使密商中國共議變更曾紀澤聞而欣然亟欲乘機改定而總署昧於操縱畏難苟安拒而不納故日英和約僅增一則曰日本如有急需可酌增進口稅惟不得逾值百抽三十之數彼改而我仍不改也夫泰西各國上下一心保護商民無微不至而稅則一事隱操輕重之大權其出口稅必輕輕則成本不貴本國商人之獲利者多也其入口稅必重重則物價過昂本國諸

民人之愛異物者少也至如印度之茶花旗之布稅均免抽以廣銷路湖絲入美值百兩者徵稅六十兩保富恤商用意深遠中國不爾也出口稅重此外猶百計誅求進口稅輕他物仍百端規避以致華商假人牌號三聯稅票充斥江河國計民生兩受其弊而猶因循顧畏侈語懷柔不至爲淵敺魚爲叢敺雀盡敺華人爲洋人其事不止或曰欲改稅則其如各國不從何而無足慮也定議十年換約本慮彼此有不便之端今之三聯單入口稅不便於中國也深矣旣有換約之權卽有改章之力此公理之可持者也中國商務英人十居其七各國共得其三則至要者英也俄人窺伺朝鮮禍機寖

亟英人聯絡中國和好日敦宜與密約相援而顯商改稅英從而各國安有不從者此私情之可浼者也善夫庖丁之解牛也以無厚入有間批郤導窾如土委地而刀刃若新發於硎其所以爲之必有其道矣掩聰塞明箝口結舌而待他人之發其端焉彼固大利之所存也而肯自貽伊戚哉

考工

工者商之本也生人利用之源也中國自冬官既逸考工之政闕然不修荏苒二千餘年器用苦窳規模簡陋百工居肆夷諸賤隸無一聰明才智之人彼泰西諸邦轉得以奇技巧思出而炫我故外洋入口之貨皆工作所成中國出口之貨皆土地所産工拙相越貴賤相懸而中國之金銀山崩川竭矣今之學者輒謂巧不若拙智不如愚欲塞師曠之聰而蔽離婁之目則是燧人之火食不如上世之飲血茹毛也黄帝之垂裳不如太古之草衣卉服也中國之上棟下宇不如土番之穴處巖居也此老莊之餘瀋憤激之讕言信如是也天

亦何必好爲多事篤生聖人以開萬古文明之化哉今日者五洲萬國光氣大通中國之人多而他洲之土滿尾閭之洩消息盈虛必使操一葉之舟以浮滄海竭一夫之力以撼泰山得毋傎與適莽蒼者三飡而反腹猶果然適百里者宿舂糧適千里者三月聚糧無舟楫何以濟川無車馬何以行遠天欲合九萬里爲一統不假以精堅巧捷之器何以宜民利用使聲教大同故知氣機工作之興斷關天意百年而後新者皆舊而變者皆常矣中國五行百產無假外求當閉關絕市以前我行我法焉可也通商而後洋貨充斥既不能禁民之不用又不能禁彼之不來而工作不興商情日匱坐待他

日民貧國蹙仰息他人如秦人視越人之肥瘠然者可謂忠
乎可謂智乎謂宜通飭疆臣設立商政局凡華民喜用之洋
貨一律糾股集貲購機仿造以收利權其中國所産行銷外
洋者亦加意講求務極精美仍仿泰西規制有能自出新意
製成一物有益民生者准上之工商二部賞給護照寶星許
其專利以開風氣以復古初出洋諸生學成歸國就其所習
分飭主持夫歐洲之英吉利東瀛之日本皆海中島國物産
無多徒以工藝繁興後先崛起中國之壤地廣矣物類蕃矣
取之不禁用之不竭上有所好下必甚焉行之二十年而國
勢不强民生不富者未之有也否則如五印度者亦海南之

大國君臣上下蹈常襲故弊不去而利不興英人越五萬里
之遥蹊田奪牛代爲經理幅員萬里拱手讓人身辱國亡哆
然爲天下戮笑悲夫

商務

古之財利或上聚於國屯膏者也或下散於民藏富者也或中飽於官吏剝民蠹國者也今也不然不在上不在下不在中而流溢於外故古人理財之法不足以盡時勢之變遷外强中乾已成痼疾則商務之不振爲之也善夫德相畢思馬克之言曰日本官民之至德者日講求工作商務孳孳矻矻學成而歸華人一入德國則詢何式之船最堅也何廠之槍礮最精利也孜求訂購不惜重貲夫此時各國强弱相均莫敢先發卽情勢更改亦須再閱數十年所購船礮不出十年鏽澀苔黏半成棄物况機器之製日異月新甫能擇善而從

巳復後來居上矣日人求其本華人鶩其末日本意在富國中國意主强兵無論工作日精他日可以自製也卽兵端將肇購之他國亦無異取之宫中也日本之興其未艾乎至哉斯言於中國日本得失之閒可云洞見癥結矣比年以來日本出口之貨歲增至一萬三千餘萬而中國出口向以絲茶爲大宗今印度之茶意大利日本之絲年盛一年已奪華人之利雖湖絲質地柔勒華茶性味和平天時土宜非彼所及然絲以機繅而色白茶因稅減而價廉必須審受病之由始得盡變通之利此舊有之商務不可不保也外洋入口之貨以洋藥洋布爲大宗今日土藥盛行漏巵漸塞矣惟洋紗洋

布歲溢六千萬金必須設局購機廣開製造至外洋食物照約免徵卽以洋酒一宗每歲入口已及千萬宜於十年換約刪去此條洋貨之入華者設法以收利權土貨之出洋者減稅以輕成本此將來之商務不可不開也蓋中國貴粟重農情形逈異而泰西制用之法亦與中國不同中國租賦取之農民而關市亦稅泰西度支出於商賈而畎畝無征國用出於農則重農出於商則重商理之固然無足怪者中國租庸調已改銀錢利害兼權榷商爲便此後舟車四達光氣大開非商何以提往來通轉運自今伊始制國用者必出於商而商務之盛衰必係國家之輕重雖百世可知矣商部旣開商

局乃定商情旣順商政乃興滄海橫流今已捉襟見肘矣安得深明大畧之君子與之挽日下之江河也

卄八

古之人仰法天俯察地觀象於天取材於地五金之產三品之珍天地之精英所以濟萬民之日用也故自首山采銅而後開礦之政歷唐虞三代以迄宋元有其舉之莫敢廢也有屢開焉無終禁也廢之禁之實自有明之中葉始矣萬歷中增設礦稅宦豎四出不見臣工者垂二十年礦稅其名也搜括其實也豈無忠言讜論冀回天聽而靖人心而其私意別有所存非口舌所能力挽甫及再世神器已移後人借鑒覆車因噎廢食自滇銅照常采辦外各省一律封禁以至於今同治初元通商伊始當事建議開礦糾集公司然良莠雜糅

未久即相率閉匿致商民百萬資本盡付東流今日偶及開礦一端已殘殘乎望影驚心談虎色變矣守舊者膠執成見謀新者任用非人遂使古今以來良法美意懸爲厲禁視若畏途而山川無盡之藏終無由一見於世日皇皇然憂貧患寡懷金玉而啼飢乎茲者鑒商辦之非策於滇南設礦務大臣矣經營屢年反不若開平漠河之卓著成效者積重難返成本過昂所得之數不敵所費商辦非官辦亦非也然則奈何曰考之於古則增設卝人參之於今則官督商辦仿鹽法之制量地設官而已矣扼要之圖厥有四事一曰習礦師開礦之法識苗爲先當日公司所延礦師半係外洋無賴夸張

詭詐愚弄華人棼薪俸數萬金事後則飄然竟去滇南延諸日本受弊亦同必須令出洋學生專門學習參以中法精心考驗明試以功斯即卄人之選也二曰集商本近日集股之事聞者咸有戒心必須妥議章程由戶部商部主持其事苟有虧蝕查究著償股票由商部印行務使精美不能作僞乃能取信於民也三曰弭事端衆逾千人派兵彈壓並礦丁團練以防未然秩之崇卑視礦之大小督撫兼轄礦政如鹽政之例以一事權礦中危險頗多仍參仿西國章程辦理四曰征稅課礦稅不能定額情形時有變遷宜畧仿泰西廿分抽一信賞必罰酌盈劑虛因時制宜隨地立法事之濟否首在

得人矣夫大利之所存必不能終閟於地我終棄之而能禁人之不取乎英夷緬甸法併越南皆豔羡雲南之礦日伺朝鮮俄開鐵路皆覬覦東省之金及此時而自開之得天之時因地之利天不愛道地不愛寶以固疆圉則無形之甲兵也以濟度支則不竭之府庫也此屢朝之成法周禮之遺規而今日切時之要策也

圜法

國家何以鑄錢曰以爲民也日用通行非此不便也今日何以停鑄曰以爲國也銅價過昂所得不償所費也然則有益無損有利無弊既可便民又不病國者莫自鑄金銀錢若矣古之時粟帛交易而止矣自首山采鑄九府通行炎漢五銖輕重適當泉刀貨幣之用緜歷四千餘年唐宋以還疆土益廣至明而後地丁稅課槪用紋銀良由人利輕齎事趨簡便三品之輕重視九州之廣狹以爲差然紋銀折算畸零權衡輕重出入高下之際吏胥弄法市儈操奇銅錢則笨重煩難不能及遠運千緡以行萬里所得者幾何矣今日萬國通商

外國銀錢徧行於東南各省民情之所便即天意之所開也歐洲諸國航海東來因商旅暢通道途日遠銀錢猶有不便乃一律行用金錢自中國印度外貨幣交通概以黃金爲準因時制變雖聖王不能禁之矣其顯敝中國者莫甚於洋債一宗鎊價參差隱虧鉅萬而民間貨物一出一入低昂輕重均以金磅爲衡暗剝潛銷利源外溢國家所恃以宜民利用奔走一世者太阿之柄甘授之於外人薄海漏巵永無底止殆不得鋪張塗飾視若綴圖矣謂宜統飭各省設局購機將三品之金一律鑄錢行用其金錢銀錢之輕重及五分一角四開諸式畧仿泰西惟參酌情形熟權子母別定式樣詳議

章程仍由戶部侍郎主持其事錢局薪俸及防弊諸端均參仿中西從其善者礦政局開采所得就近平價采買以供鼓鑄之需仍與鈔法局相爲表裏互資挹注外合內分相繫相維立於不敗部庫藩司收解之款亦將銀兩折合金錢銀錢三者並收畧照時價年終奏定由部頒行各官廉俸既增則火耗陋規均可酌量裁減民生日厚國用益饒而天下吏胥衙蠹舞文骫法之端已剗削根株不去而自去矣夫三品厥貢夏書兩著其文天生五材以利民用今日之貧匱非食之不足實用之不充也中國金礦銅礦之多遠非泰西所及伐山開礦就地鑄錢免西人龍斷之虞有四海流通之利商務

日振工藝日興再歷數十年中國之豫大豐亨有斷非海外小邦所能及者此自有之利自主之權乃怠惰因循守株待兔補苴掇拾剜肉補瘡他日財盡民窮偶有水旱偏災鋌而走險其事尙忍言哉逆天之未陰雨徹彼桑土綢繆牖戸維此下民孰敢侮予鴟鴞之詩人所爲拊心而歎也

交鈔

鈔法者所以濟金銀銅三品之窮也皮幣之端開於漢武沿於唐宋盛於金元逾變逾輕久而益敝明兩行之而敝

國朝一行之而亦敝者豈鈔法之果不可行哉信則行不信則不行有鈔本則可行無鈔本則決不可行也元明之末造皆因府庫空竭欲以洛陽貴紙盡籠海內之金錢立意欺民而欲民之信之也得乎然則有國者何爲而必行鈔法也曰無他上下均便而已矣以國計言之歲入一千萬之款而造千萬之鈔行之民間鈔本相均無流弊也而銀鈔兩行歲得二千萬金之用況交子會子四海通行轉運煩費之端可以

盡免矣以民生言之交易往來現錢已多不便至攜行遠道則水火盜賊在在堪虞何若一紙輕齎取之如寄乎今日民間未嘗不行鈔也承平之世晉商滙兌獨擅利權自通商以來銀行徧設於海疆錢票廣行於內地或函或票與古人交鈔何殊惟國家自有之利權下散於商民漸移於外國耳龔自珍曰本朝行私鈔而不行官鈔他日必有巨商虧閉而四海爲之搖動者閱數十載此言驗於阜康夫使絕市閉關仍如前日度支充溢歲有贏餘則鈔法不行焉亦可也使如元明之季庫藏已竭鈔本難籌則雖欲行焉而有所不能也鈔法之當行而可行者此其時矣行之之法奈何宜於戶部別

立鈔政府專派侍郎主持其事各省各埠設鈔政局所有辦法參仿滙號銀行與商政圜法兩局相爲表裏此設官之法也由戶部綜計入款歲撥二百萬以五年爲期京協各餉責成滙解苟有擠軋庫款准其通融隨即劃還以清款目此提本之法也上下出入統以銀鈔各半爲衡通行之鈔三品兼權一圓至十圓爲度由鈔政府製造頒發參仿西法作僞無從滙兌之款照依滙費或函或票事後繳銷此用鈔之法也現有之滙號銀行原可並行不悖公私緩急亦可相通惟分號分行須歲補鈔政局費數百金以示急公之義此收權之法也泰西銀行章程貧民蓄積數元均可存放生利商民挪

借必有抵押取息甚輕國家需用之時可以代籌巨款照收薄息以示大公此裕國便民之法也夫萬國通商而後其地廣矣其用宏矣不立鈔法以濟其窮必有扞格而不通取攜而不便者此亦必然之理必至之情矣博攷良規擇人而理厚其薪俸嚴其勸懲至信至公達於中西通於上下斯恤商恤民之本足食足兵之原商務之所由振興民生國計之所以維持於不敝也聖人復起不能易已

鐵政

鐵之爲用大矣伊古以來釜鐺以爨錢鎛以耕深閨之刀翦無聲絶塞之戈矛如雪以至百工椎鑿攷伎程材九陛鐘鏞銘勛紀事自公私上下民生日用無一不於鐵乎是資明時海疆將帥虜獲倭人及奉詔放還皆乞取鎖鐐歡欣踴躍而去以倭不產鐵故也蓋鐵之爲用實冠五金中國鐵礦綦多故如取如攜了無足異使天下一日無鐵斯民之不便何如英吉利海西三島耳當未得印度之先徒以煤鐵之富販運歐洲縱橫海外近日西士之精於天文化學者攷察太陽本體其色其光其爇與煅紅之錳鐵無殊疑其質性相同故光

華相若自書契至今五千歲陽烏光熱未減豪芒地體小於日輪三百萬倍日與地之吸力如景隨形如磁引鐵同類則相感同氣則相求因疑地與衆行星皆日中爆出之分體故大地所產惟鐵獨多而外洋火山震裂之時所湧出者皆硫磺與鐵汁也意地心奇熱焚燒錳鐵之精與日輪光熱俱同故其氣可以互攝今日講求格致機器鐵路取多用宏然以理揣之日輪鐵也地球亦鐵也則鐵之效用於人者今日尚其濫觴而未得窮其究竟也西士之言如此雖六合之外古聖人有所不言然俯察仰觀不得謂豪無所見矣通商而後洋鐵盛行大關乎製造海防小極於尋常日用中國非無鐵

也製鍊不精故大利盡爲所奪也張之洞有見於此在鄂奏開鐵政一局購機鍊鋼以鬬利原或乃掎摭流言阻撓𡍼計若惟恐西人失利而中國富疆也者井蛙夏蟲之見淵魚叢雀之心不自知其倒行逆施之至於此極也惟局中工匠舉用西人費鉅工繁難乎爲繼宜選聰俊子弟隨節出洋於克虜伯及著名各廠專門習學然後博攷舊法參用中西棄短取長持平核實其必用西法者提官款以助其成其兼用中法者藉人力以省其費他若枯煤受煆引氣以然鐙鐵洛所遺入灰而成石務使礦無遺利廠無棄材乃能細大不捐精粗悉當中國煤鐵之礦十八行省無處無之廣收利權致精

械用權衡今古便益公私他日兵事偶開則精槍快礮鐵艦
魚雷取之宮中而皆備何必皇皇然竊竊然憂局外之刁難
恫喝哉

利源

屢閱海關出入貨稅册而知通商一事其蠹中國者至深而爲害於北方數省者爲尤大也每歲以出抵入不足者三千萬金外洋食物所需照約免征亦例不入册近年洋酒一項華洋同嗜入口已千萬有奇綜計一歲所虧實不下五千餘萬而海防之購船購礮者不與焉再閱十載即五萬萬金中國之財力幾何能禁此無窮之罅漏乎東南十省腹地雖虛而橫覽海疆猶然富庶者出口之土貨畧可相當布帛通行洋布之銷場不旺也天津一口洋貨之入者將三千萬土貨之出者僅二百萬不及十分之一煙臺一口洋貨之入者六

七百萬土貨之出者百餘萬不及五分之一惟營口一隅出產稍廣然油豆各物販售蘇浙之間出洋者寥寥無幾直東草帽邊一業因奸商攙雜銷路日微槖駝羊毛不諳翦剔而洋布入口年盛一年綜計已四千餘萬北方瘠苦有此絕大漏卮僻遠荒涼不知若何景象矣比年疊遭荒歉籌捐濟賑仰給南方雖亦天災之流行未始非人事之朘削也故今日外患內憂斯爲最亟而興利之法亦莫要於北方請以北土之所宜而外洋之需用者言之一曰畜牧之利西人酷嗜牛乳爲飲食所必需貯以佳瓶貽諸遠道美國北方之民皆以殖草牧牛致富因筋蹄骨角無一棄材也緜羊槖駝之毛拨

時收翦織爲毯罽華美温和不惟四海通行卽華人亦喜購用宜先提官款或集公司廣購圍場以資牧放養牛取乳購機織毯物美價廉必可行銷外國矣一曰葡萄之利葡萄一種本由西域而來北地寒而多沙植之無不蕃盛纍纍結實甘美殊常洋酒品味雖繁悉以葡萄爲釀法國土產三萬萬獨以酒爲大宗計數科徵收稅獨重泉甘味厚各國嗜焉然以西山泰岱之名泉較之彼猶瞠乎其後也宜購地自種而仿西法以釀之卽銷售中國海疆其利已逾千萬矣又况蠶桑之利考諸禹貢本在青徐幽冀諸州而德州之棉花色白絲長頡頏洋產苟繅絲織布自收利權何至啼飢號寒重費

九重之宵旰哉惟北省之民性樸而惰不有以教導而倡率之則疲薾之風氣終難轉移流溢之金銀永無底止不歉而歉不荒而荒年復一年官款民捐難乎爲繼當財殫力盡之時將何以善其後也事有必至理有固然曲突徙薪宜早計矣

虞衡

蓋聞九官分職益作朕虞周道如砥其直如矢三代以上溝洫橋梁街衢道路之事無不有官焉掌之即所謂虞人者也夫烝民之性自利自私僅顧目前不知遠計非官爲董率其必不能整而齊之經而理之也審矣今日驛傳水利亦有兼官然文具空存未有能舉其職者以致京省內外蕪萊滿目埃塵蔽天杠梁廢弛溝渠湮塞邱墟蕪雜如曠古未經開闢者然至若一鬨之市四達之衢偪仄熏蒸釀爲疾疫旱則風沙卷地潦則泥淖載途城邑類然北方尤甚非所以肅中邦之體制壯萬國之觀瞻也且夫虞政之修與不修即商務之

興廢所由亦國勢之盛衰所繫矣泰西各國街衢整潔涂徑平夷日月修治罔敢廢墜賓如有歸之樂民無致疾之因嚴肅清明宛存古意其旅於中國者亦依其國制設立工局整理潔清坦然秩然蕩蕩翼翼其旁之中國城鎮雖復肩摩轂擊人物殷闐而廣狹平陂未免相形見絀者古制淪亡無專官以隸之故也西人謂修路一事於商情之嚮背地面之興衰隱相維繫每於海濱廣漠自闢一途未及數年商旅紛來自成邑落而道旁之地畝驟貴至數千百金林木蔚然氣象一變乃知泰西今制決為三古遺規不能守後世因循苟且之風坐令遠人騰笑也宜稽往昔虞衡之職兼攷近時頹廢

之由參酌中西權衡今古設官督理就地籌捐專派一工部侍郎主持其事街道以京師爲主而後漸及於軍州塗路以衝要爲先而後漸達於荒僻區以支幹別以山原審其重輕權其緩急而橋梁溝洫隄防林木一切便民之政均得會同牧令處置而經營之斯通商鐵路之初基即水利驛傳之實效也舊有之官款半爲當事侵漁宜著落追償以爲根本有所不足酌取於商民涓滴歸公敷用爲度自時厥後歲月增修築路之基應以電報所行爲準縱橫經緯繪畫測量步章亥以無差涉關河而不阻則積習之頽靡胥變而新猷之敷布非難矣或曰道涂險艱以限戎馬之足也因而修之患將

愈亟可奈何不知天子有道守在四夷當日粤捻横行何嘗
以險遠嶇嶔稍阻往來之跡窨已之門庭以禦盜賊愚者不
爲矣民情之所不便他日必有便之者愼毋窘步迂行予後
人以口實也

鐵路

今之主開鐵路者則曰捷漕運也利徵調也通貨殖也速戎機也廣荒政也便行旅也主停鐵路者則曰礙墳墓也靡度支也病民生也啟爭訟也貽後患也故東三省定議興建歲撥帑金二百萬而腹地各省仍閼遏而未行聚訟紛紜莫衷一是始事之不易非獨中國爲然也卽泰西剏建之初亦復衆謗羣疑交相沮格至今日而推行日廣翕然不復以爲非者利害之故歷久而始明得失之機有徵而乃信天意之所定非人力之所能違也畢思馬克之言曰美國之鐵路以通商也俄國之鐵路以用兵也惟英國與德國則通商與用兵

並行不悖前有千古後有萬年大地車書終將一統其必先同軌而後同文乎俄人之併吞諸國也先於境內造一鐵路鷹瞵虎視直指鄰疆他人弗能禁也鐵路就兵事開而此國之亡可翹足待今西伯利亞之鐵路猶故智耳吉林邊外之琿春也庫倫邊外之恰克圖也伊犁邊外之七河也則俄之鐵路通矣西藏邊外之亞東也雲南邊外之蠻暮也則英之鐵路至矣廣西邊外之諒山牧馬也則法之鐵路來矣中國萬四千里之海疆輪船駛行捷如風雨環三面之陸路所有鐵路計日皆成他人越國鄙遠相距數萬里之遥往返程期不逾十日而我之徵兵轉餉累重稽延必數月而始達試問

沿邊城鎮將守之乎抑棄之也如欲守之則必四面屯鉅餉宿重兵無須協濟救援而後可今日海防一面天下之儲蓄已空他日將四面守之中國有此財力乎沿邊之險要皆失此中區數省獨能自存乎此必不可得之數必不能免之事必不容已之情則中國鐵路一端亦即成必不得不開之勢矣此時安坐而議曰奪小民之生計也糜國家之帑金也皮之不存毛將焉附根本之將撥而惜一枝一葉之彫殘傎矣而況乎其未必然也築路之道仍宜以京師達漢口爲幹而分枝以入陝甘則通商用兵二者均便曩見法報之言矣以爲中國鐵路綜計須三萬萬金照約由法國承包則地基木

石之工利歸中國者十之四鐵軌匠役之費利入法國者十之六觀於此而知工作不可不習鐵政不可不開也又嘗稽北省鼇金之册矣山左右直隸陝西歲收各十餘萬河南一省每歲約十萬金以較南方不及十分之一豆麥而外土產絕稀觀於此而知地利不可不興商務不可不講也識大勢知先務審緩急劑盈虛思患預防因宜制變而一切刻舟膠柱之論可以廢矣

賽會

西人之心計工矣其維持商務也至矣其始莫亟於開博覽之會所以開其先也其繼也莫要於減出口之征所以持其後也夫天下人之才力聰明其不能不有差等也久矣上焉者獨具智巧自闢町畦變化神奇宜民利用生而知之者也中焉者亦趨亦步效法前人規矩準繩範圍不過學而知之者也下焉者則頑蠢無知自安愚弱貪饕慵惰鹿豕與遊是人役也今中國泰西日本滔滔者大率多中人耳彼南洋印度非洲諸種族則下愚也然上焉者窮思極慮其心勞矣中焉者繼長增高其事逸矣博覽云者互證參觀以耳目代心

思之用是使民逸獲之由也況五洲之風土各別萬邦之物
產攸殊萬寶五金六穀百果及草木鳥獸羽毛齒革之屬邱
陵川谷蝖飛蠕動之倫寒帶温帶熱帶之所宜山人澤人海
人之所得旁搜博采薈萃於一堂因而審其良楛別其美惡
時其棄取決其從違一物不知儒者所恥多能博學遂以成
名使古聖人有知當亦引為大快也今日萬方和會四海大
同以有易無裒多益寡磬山川之寶藏天地不能閟其光廣
億兆之見聞聖哲不得私其學易世而後新者皆故變者皆
常窒者皆通分者皆合百姓日用焉而不知舉世習見焉而
不為怪矣故曰天也泰西博覽之會五載十載輒一舉行商

務振興不遺餘力日本亦仿立農桑工藝諸會講明而切究之國勢日強民生日富中國絲茶之利盡爲他國攘奪以歸而罌粟之花徧於內地海防製造講求五十載仍須倚仗洋人狼狽相依若瞽之有相不有以轉移而變化之恐知之匪艱行之維艱後之視今亦猶今之視昔耳宜詳攷各國立會之制先於滬漢等埠籌欵試行農桑礦務等會以勸民間俟東省鐵路既成則於天津購地造屋綜集中西設一博覽會九重親莅以重其事中外之金石古玩名畫法書以及山海之珍奇工作之器物均可入會購者議價觀者取資立會之費預籌專欵會散後儲爲博物院備後人考鏡之資嗣後逐

漸推行數歲一舉以開風氣以拓利源至各省賽會迎神雖亦鄉儺遺意然作爲無益動肇爭端何如以此易之使斯民有取法之資薄海無久遺之利也今之論者動以奇技淫巧詆斥泰西而朝野上下之間所用者觸目皆西人之物不禁不作仰給於人力盡財殫坐以待斃堂堂大國爲日本所竊笑焉抑獨何哉

稅司

天下事利之所在卽權之所在不可輕以假人者也乃有非我族類久假不歸盤據要津根深蔕固海關釐稅歲入三千萬仰其鼻息以爲盈虛引黨類數百人糜工資二百萬漸而陰持朝議顯綰邦交偶或侵之顚蹶立至噸鈔數及百萬本國家自有之利源乃一意把持據爲己有浮標燈塔行海之耳目亦習焉不察舉而授之家貲之富可以敵國以泰西廿四字母許數每字百萬已及兩周皆詭寄他人運歸本國阻撓稅則左袒西商鄧承修議增一人則借他事以軋之曾紀澤欲代其位則造蜚語以傾之貌類忠誠心懷鬼蜮英擬授

以出使之任而乞假回國密請改授他人詭計陰謀莫窺其際英君主授以男爵功在彼國其事可知近於越南西藏立約通商扶植乃弟冀稍效勞勩身故之後世襲其官西人之入中國者尊敬畏服望若天人視官吏蔑如也英人之據印度也始亦於沿海通商設一公班衙代理稅務旋因細故遽啟兵端即據其海關以給軍餉相持十載印人兵敗乞和而沿海膏腴盡爲所有今之總督署即昔之公班衙也蓋印度壤土之廣畧與中國相侔英雖一戰勝之而兵力不敷分守因擇國人之桀黠者陽爲効用陰綰利權一旦失和則昔日同舟頓成敵國英之轉運不竭而印之聲氣不通束手歸降

莫能枝拄故公班衙者滅印之樞也今印度舊主困守窮山貧窶艱難轉爲所役英人歲給八千圓之俸以養其家身辱國亡可爲悲慄者矣波斯埃及土耳其諸國柄用西人無不太阿倒持日侵日削者國家舊制於臣工制馭綦嚴乃獨於一西人倚任多年毫無疑慮中外大臣皆尊而信之無一深窺其隱者仰獨何也宜令使臣商其政府總稅務司之任添派一清正之大臣顯予褒封陰收其柄各關稅司幷手選派華員之稔練而西文精熟者共事其間恩賞工俸三年俾資教習一年而後概易華人惟彼則頒給俸糈寵以名爵衡情據理期在必成此時英國畏忌强俄尚不敢顯然與我爲難

也論者輒謂西人弊少華人弊多而華員之薪俸無一可比西人者薪俸優身家重嚴查慎選而謂華人必不若西人無是理矣論者又慮西商狡悍不服盤查不知稅則提單均有定式持平覈實彼自無辭轉免華商報關横遭摧辱日本之事其明徵也伊古以來未有堂堂大國利權所在永畀諸異國之人者不及此改弦而更張之他日偶有責言顯蹈印度覆亡之轍海疆萬里拱手讓人濟濟羣公何以自解於天下後世哉

公司

貨殖傳曰太上因之其次利道之其次教誨之其次整齊之最下者與之爭今天下之民紛紛然皆爭利者也爭而不善用其爭以致大利之源盡爲外人所奪則上之所爲整齊教誨而利道之者未得其道耳泰西公司之法託始於西班牙四百載以前其國人探索南北美洲泛海西行遠逾萬里一人一家之力有所不足君主資以兵力助以帑金通國之人亦各出私囊同襄盛舉嗣開闢新地務農殖貨利賴無窮西班牙當日之富强甲於天下葡萄牙英吉利踵之於後乃徧開南洋萬島非洲澳洲東達中華西連印度商途所及兵船

隨之教會繼之兼弱攻昧取亂侮亡兵餉所資萃倚公司之力而通商用兵傳教三事儼如環之無端及印度併入於英遂卓然爲歐西之首國蓋疆界攸分非通商不得入道里過遠非公司不能行而用兵傳教之餘意主於逆取而順守履霜堅冰至木必先腐而後蟲生之英之縱橫四海也非一朝一夕之故其所由來者漸矣風之積也不厚則其負大翼也無力水之積也不厚則其負大舟也無力長袖善舞多財善賈然則公司一事乃富國强兵之實際亦長駕遠馭之宏規也中國局守舊聞兢兢以言利爲戒沿海各埠大權槪授於西人比來設立商輪電報等公司行之漸有成效第規模狹

小未能遠達重洋商部既開利權漸復然後將絲茶及大宗貨物合官民之力精心擘畫糾集公司南洋西洋寖推寖廣出九州之物產供萬國之取求收已去之金錢保將來之商局夫南洋者西人之外府也所以儲材蓄勢憑陵上國之權輿也我之商力兵鋒畧及於南洋各島彼海外諸國將惴惴然顧畏不遑不必埽穴禽渠而已足招攜懷遠矣苟因循頹廢漠不關心小民自利自私安知大局排擠傾軋損己益人西人之公司今已龍斷於海疆久且縱橫於內地彼之民日富我之民日貧彼之商益强我之商益弱恐不待兵刃既接而勝負得失之數已有霄壤之相懸者通商以來五十載矣

彼越南緬甸波斯印度之民入中國者皆役屬西人無一富商大賈利權一失生計遂窮旣誤先幾徒貽後悔國亡家破犬馬終身然後知商務盛衰之樞卽邦國興亡之券也黍離麥秀心折骨悲彼中國乾隆以前亦祇沿海通商一埠耳諸國之君臣方厖然自大拘守成法鄙薄外人又安知未及百年遽有今日哉噫傷已

巡捕

讀周官一書而知古聖人之爲天下計者至纖至悉也泰西巡捕之設雖畧如古之虞衡今之快役而禦灾捍患意美法良清潔街衢逐捕盜賊永朝永夕植立途間號令嚴明規模整肅風清弊絕井然秩然爲之董率者數西人十數印度人耳而華捕千人皆循循然謹守範圍罔敢踰越徒以事無贍庇俸有盈餘賞罰之法行身家之念重貪饕之性悉化廉能然則謂華人之果不如西人者妄也況租界雖曰夷場本屬天朝之土地乃包探任穿西服領事復理民情國體寖以淩夷華人屢遭屈辱彼東洋小國尚能自治其人南臺一隅亦

得獨行其意而滬漢通商諸大埠顧因循苟且久讓外人竊
踞其事權魁柄倒持觀瞻所係殆不得謂之細故矣至京都
輦轂重地萬方起化之原近乃刦掠横行道途汚穢西人至
登諸日報謂天下之至不潔者莫甚於中國之京城卽此一
端可爲萬邦之首遠人騰笑辱國已深然承平之時步營街
道歲糜國帑數十萬金領以提督總兵莞以御史部屬重以
府尹京縣正副指揮諸官棊布星羅十羊九牧其責不可謂
不重其慮不可謂不周而百弊叢生徒糜帑項無一能舉其
職者則事無專屬廢弛已久經理之不得其人也同治初元
五城增募練勇餉糈較厚訓練較嚴捕盜精能頗得其力救

火之事尤奮往直前政在得人成效已彰彰若是惜人數尚少敷布難周耳改絃而更張之請先自京師始酌增練勇名數參仿巡捕章程番役之疲羸急宜裁革街道之費用力杜侵漁內城責之金吾不可以他官兼攝外城責之御史不宜以一歲遽更編立門牌疏通渠道街衢必潔稽察必嚴愼選賢能務除冗濫互相糾正毋許瞻徇偶有弊端罪其主者官欵不足量取民捐涓滴歸公敷用而止行之一歲政令大行然後詳定規條頒行天下通商各埠巡捕亦皆易用華人跡其偵察非常亦古者虞人之職一在郊野之外一居都邑之中也邇來游勇會匪徧於各省往往聚衆滋事騷擾民間偶

或疏虞動煩兵力以保甲稽之以虞衡備之以巡捕守之廣工商之利以生之興教養之道以變化之稔惡者無所容民日遷善而不知爲之者滌除舊染丕煥新猷彼海外諸邦意存窺伺有甫入國門而潛銷默息者詩曰周雖舊邦其命維新此之謂也

輪船

輪舟鐵路電信火器銀行五事孰爲之天爲之也天以是宏大一統之規爲四海會同之法物也異日者陸皆鐵路水皆輪舟火器以詰兵戎電信以通文報銀行以便旅人而後山海失其阻深道里忘其險遠城郭之高堅不足恃疆界之畛域不必分天下之人順天者存逆天者亡先天者興後天者廢而今而後雖百世可知也中國蠡測管窺不知通變內江外海既縱各國以行輪而獨於本國之民深閉固拒禁其製造駛行跬步之間千里懸隔風濤顛險覆溺時聞商貨不通生機將絕而通商各埠則行旅輻湊便捷靈通一彼一此之

間勞逸安危迥殊胥壤民間共知輪船之利屢請試行而當
事迂拘屢加斥駁斷斷然曰畏敵國之效尤也慮貧民之失
利也夫物各有主理之所在西人不能强爭有曠土焉我終
棄而不耕則客民至矣今慮客民之侵佔預禁土著之耕耘
伊古以來安有是理夫輪船所達則商務驟興貧民隨事可
以謀生何必槪操舟楫况輪船之側小舟如螘失業者何人
今內河固未行輪也然而市肆蕭條帆檣寥落禁止之有益
於貧民者安在至沿海各埠則閩粵商賈暗製輪船挂外國
之章旗納他人之稅鈔爲叢敺雀爲淵敺魚若惟恐華人不
貧而西人不富也者當法越有事之際商局輪船慮法兵截

封詭寄他人華商例禁行輪局外不能偏助以致援臺一舉支絀萬分若泰西各邦偶有兵事則商民輪船理應報効國家轉餉徵兵一呼可集我之支絀如彼彼之利便如此而無事之日既閼闤闠之利源有事之時復誤朝廷之大計迂疏固執徒苦吾民此何爲者也謂宜

明諭天下准中國商民自製輪船行駛內河以及外海所在官吏查係華民給與憑單量徵船鈔經過關卡靜候稽查偶有風鶴之驚遵章報効國家暫停貿易至內河行輪乃中國自有利權嗣後無論何國概不得藉口游歷援例駛行否則滋生事端中國不能任保護之責如此分別辦理既以廣華

民之利賴即以杜異族之覬覦江湖之險阻胥平物產之流通無滯上裨國計下順人心即或外患內憂致煩兵力可隨處拘集商船載兵飛達刻日蕩平旣收轉運之功復省養船之費便孰便於此者若之何膠柱刻舟因噎廢食顯損大局隱益西人終蹈掇臺之覆轍也

西法

今日之洋務莫要於通商而隱與商務相維繫者有數事焉一曰火政西人救火之機至爲精巧水龍之會出自商捐昕夕防維如臨大敵警鐘一報則風馳電掣神速無倫萬瀑飛空立時撲滅刻京津各處皆設立水會火患日稀惟內地尙未通行回祿時聞肆虐損傷物業焚毀人民每遭巨灾輒傷元氣此火政不可不修也二曰保險海天萬里巨舶飛行風颶沙礁閒遭沈沒貲本百萬盡付東流一蹶之餘多難復振於是有保水險者通商大埠地基昂貴築室如魚鱗通用煤油易於引火千門萬戶一炬皆空於是有保火險者商民貧

富不齊子然一身關繫綦重或有死亡疾疫之事素無蓄積妻子不免饑寒於是有保人壽險者皆積年累月所費無多偶有不測之災卽可賠償鉅欵通萬姓之有無多寡以撫恤被難之窮民仁術仁心惠而不費惟中國知保險之利不立保險之行遂使絕大利權操之外國此保險不可不講也三曰自來水通都大邑煙戶過稠無穢熏蒸動成疾癘間或燎原肇患雖有拯火之器多苦於取水無從西人於大澤深山剏立自來水管相距數十里引入室中水潔泉甘取攜至便萬一有吳回之變卽開水管套以皮條萬道泉源用之不竭此自來水不可不行也四曰煤氣電氣燈燒煤積氣引以燃

鐙徹夜光明朗如白晝電氣鐙者以煤氣發機磨擦生電晶瑩似月照映街衢宵小無所容身貿易因之生色或置於工作大廠則一日得兩日之工兼操縱由人永無火患此煤電鐙不可不設也此數事者畧舉其大皆濟人利物意美法良爲他年萬國大通日用必需之物華人少見多怪疑沮百端卒未有詳攷成規心通其意者今之論者動睨而視之曰西人也西法也而不知西法之善者可行也西人之狡者可畏也惡西人而兼擯西法迂拘固陋不知變通坐井觀天終至自困者愚也喜西法而兼用西人怠惰因循不能振作開門揖盜受制於人者謬也惟兼采西法而後古今之變局不能

撓惟專用華人而後中國之利權不爲奪折衷以定之分別
以觀之奮迅以圖之審慎以出之則中國之富强猶反掌也

編審

今天下之大患一游民而已矣書曰民惟邦本本固邦甯周禮大司徒掌建邦土地之圖與其人民之數以佐王安擾邦國古聖王之治天下也必先知版圖戸口之實數以時其消息而劑其盈虛斯教養之所由興亦貢賦之所自出吾夫子所以式負版者而後世編審之事起焉三代而後愛養斯民之政放失無存賦役征徭煩苛貪虐而編審一法遂爲積弊之所叢本朝意主恤民併丁於地司農版籍日久就湮於是無地之民大半皆惰民也游民也卽皆棄民也國家不復科徵官吏不加收恤一聽其自生自滅自去自來無復有過而

問者或死於疾疫或轉於溝渠或竄於僧尼或流於盜賊迨至積重難返刑戮滋多桀黠者乘之而斬木揭竿之事起矣然後大張撻伐草薙而禽獮之雖不旋踵而已報蕩平而伏尸百萬流血千里者皆不教不養之窮民也天道好生忍乎不忍乃肅清未久而游民之熙來攘往又復盈千累萬更僕難稽散勇會匪乘機搆煽江湖伏莽比及數十年生齒愈蕃其患有不堪設想者卽幸而彌縫無事他日敵國伺釁出百萬金雇募而教練之授以利兵置之前敵所向尚有堅城哉內憂外患可爲寒心者矣防之之法莫善於保甲莫要於墾荒開礦通商惠工廣設善堂增建學校而正本清源之至計

尤以編審戶口爲要圖必確知其受病之原而後能籌施治之法也謂宜詳攷中西編審之制權衡參酌明定章程與保甲並行頒之天下始於通商各埠而漸及於內地諸城將有業無業之民細爲分晰有業者所操何業能否自贍身家無業者年歲若干家口若干作何生理有何技藝該管官吏每歲稽查然後因地制宜興養立教勸以工作給以閒荒隸之礦產之官領以虞衡之長就其所素習用其所易能董之以賢才課之以事業生之者衆食之者寡爲之者疾用之者舒斯周官王制之精亦治國平天下之宏綱鉅旨也惟是民性本愚而民情好逸堂廉之分隔而胥役之弊多非合天下之

大行保甲設鄉官聚而稽之勸而導之整之齊之綱之紀之經之理之欲其範圍而不過曲成而不遺也得乎其爲之也非一手足之烈其成之也非一朝夕之功當國家閒暇之時作牖戸綢繆之計養癰貽患佳兵不祥愛人學道之君子當有以防之於先而毖之於後也

善堂

天下有窮民焉老而無妻曰鰥老而無夫曰寡老而無子曰獨幼而無父曰孤文王發政施仁必先斯四者此外聾瞽廢疾癡騃瘻躄之民待食於人不能自養天地之大猶有所憾非惟中國爲然也通古今達內外一而已矣是王政之始也聖功之終也古帝王之所繇爲天地立心爲生民立命者也自睦婣任卹之典廢而貧窮乏絕之患多直省間有善堂而杯水車薪迄何以濟措施無具董勸無方三古遺規澌滅盡矣彼泰西諸國之善舉法良意美規制精詳有必應仿而行之者厥有八事一曰施醫院院中男女異室衣衾飲食藥餌

皆備更設圖畫器玩以娛樂之病愈之時舁送別室調理安
善乃聽其歸中堂羅列證治諸方備學醫者之攷察每院醫
人數百病者數千經費充盈捐諸紳富一曰育嬰堂男女自
初生至七八歲皆可留養每房十六榻二榻相並一爲乳媼
一臥嬰兒衣食起居無不精潔及四五歲即使識字讀書教
以技能由粗而精漸開智慮既冠後量材授事皆能自贍身
家其費半出民捐半提官欵總管司事體恤周詳多有富室
嬰孩亦託堂中教養者一曰義學堂貧民子弟自五歲以上
皆令入塾讀書並習工商之事棄而不學者罪其父母或有
曠廢則其師嚴督之至再至三改而後已更有富人自製練

船招致貧民學習駕駛設立監督期限二年分派商船充當水手一曰養老院英國京城計千有三百所分處男婦之窮老而無告者衣履完善飲饌適宜或尙能工作縫紉給以器物製而售之半畀本人半充院費經費亦官民共任之國君時一臨觀以昭鄭重一曰老儒會國有寒士宿儒慮其就食爲恥地方官吏繼粟繼肉致諸其居一曰繡花局世家婦女家道中落煢獨無依居以邃室深堂課以織作紡繡官爲貨之男子擅入者有厲禁一曰養廢疾院房舍整潔聾啞癱瘓者讀書其中就其所能教以工作一曰養瞽堂堂皆盲者而習工藝亦能讀書所得工資均存備本人之用以上數者

畧舉大凡中國之通邑大都閒存古意以云愛人如己憂國如家規制精詳一無流弊則概乎其未之有聞也宜由出使諸臣别類分門詳加繙譯然後參酌定制一律頒行牧令人之考成經費籌諸本地人之好善誰不如我上有好者下必甚焉此

聰明睿知之聖人所以參天而贊地也

報館

天生民而立之君君者羣也所以爲民也然而分隔勢聯堂高廉遠古人於是有諫鼓謗木之制有采風問俗之官惟恐下情不得上聞上澤不能下究所以防壅蔽而恤痌瘝者如此其汲汲也秦以武功吞併六國變封建而爲郡縣舞文法以馭臣民燔棄詩書愚我黔首偶語者棄市腹誹者有誅暴戾恣睢及二世而土崩瓦解後世人主沿襲餘波雖苛政漸除而輿情終抑唐宋以下給諫侍御言路亦有專官然而風影傳聞結援樹黨閭閻之疾苦安得遽登臺省之章疏也況乎忌諱猥多刑戮不免所謂言者無罪聞者足戒昔有其語

今無其事蓋暴秦之爲禍烈矣本朝
聖神相繼愛民納諫不罪言官顧廊廟雖高不諱之風草野尚有難通之隱積重之勢未易遽囘也泰西報館之設其國初亦禁之後見其公是公非實足達君民之隔閡遂聽其開設以廣見聞迄今數十年風氣日開功效日著製一精器登報以速流傳而工作興矣立一公司入報以招貿易而商途闢矣與國之政令朝夕可通而敵情得矣刑司之讞辭纖毫必具而公道彰矣耳目所經聰明益濬至於採一新地行一新政見一新理得一新聞皆可與天下之人同參共證所謂不出戸庭而周知天下之事者非報館無由也比年各省水

旱偏災重賴日報風行有以感發善心集捐鉅欵明效大驗
己如斯矣惟各國報館雖多均其國人自設法國並派員查
閱以示限制中國於己民則禁之於他國則聽之偶肇兵端
難免不曲直混淆熒惑視聽甚非所以尊國體而絕亂原也
似宜曉諭民間准其自設資本不足官助其成偶值開釁之
時必派專員稽察主筆者公明諒直三年無過地方官吏據
實保薦予以出身其或顛倒是非不知自愛亦宜檄令易人
一切均仿泰西報館章程辦理至西人報館宜與各使妥議
毋許再出華字報章否則按月繳捐仍須派人查閱此事不
載通商之約本屬中國自主之權各國當亦無詞以拒也論

者輒以前此日報鄙夷中國痛絕其事並深惡其人而不知桀犬吠堯各爲其主國之利器不可假人今報紙之流行廣矣華人知日報之益者多矣一轉移間則諸利皆興而諸弊皆去集思益廣四民之智識宏開殫見博聞萬里之形聲不隔高掌遠蹠明目達聰修益地之圖補職方之志此亦大一統之先聲嚆矢也而顧可忽視乎哉

議院

泰西議院之法本古人懸鞀建鐸閭師黨正之遺意合君民爲一體通上下爲一心卽孟子所稱庶人在官者英美各邦所以彊兵富國縱橫四海之根原也夫歐洲數百年之先亦正多事矣其君以暴戾恣睢爲快其民以犯上作亂爲常幾無一國得安亦無百年不亂華盛頓以編戶之細民苦英人之虐政風馳霆擊崛起美洲旣有國而不私於一身遂立民主之制定議院之規可否從違付諸公論泰西各國靡然向風民氣日舒君威亦日振今各國有君主者俄羅斯土耳其是已有民主者美利堅法蘭西瑞士諸國是已有君民共主

者英吉利德意志義大利諸國及東洋之日本是已所謂君主者有上議院無下議院軍國大事概掌於官而民不得預聞焉者也所謂民主者有下議院而無上議院朝章國政及歲需之款概决於民而君亦幾同守府者也惟君民共主之國有上議院國家爵命之官也有下議院紳民公舉之員也院之或開或散有定期事之或行或止有定論人之或賢或否有定評國用有例支有公積例支以給歲費公積以備不虞必君民上下詢謀僉同始能動用公積不足則各出私財以佐之此所以舉無過言行無廢事如身使臂如臂使指一心一德合衆志以成城也即敵國外患紛至沓來力竭勢孤

莫能支拄而人心不死國步難移積土成山積流成海能勝而不能敗能敗而不能亡英人挪之於前德國踵之於後所以威行海表未艾方興者非倖也數也聖人復起無以易之也前倡鄉官之議實與議院略同必列薦紳方能入選縣選之達於府府舉之達於省省保之達於朝皆仿泰西投匭公舉之法以舉主多者爲準設院以處之給俸以養之有大利弊會議從違此下議院之法也閣部會議本有舊章惟語多模稜事無專責亦宜特建議院以免依違此上議院之法也或曰若是得毋撓國法乎不知國家設官分職本以爲民兼聽則明偏聽則闇事之行否仍由在上者主之暴秦二世而

亡而三代以前享國長久者公私之别耳今通邑大都多有
紳商董事有事秉公理處爭訟日稀惟力薄權輕無由上達
耳未聞紳董之害政而疑於議院之抗官乎況今日萬國通
商要求無饜既立議院卽可以民情不順力拒堅持合億萬
人爲一心莫善於此夫民心卽天心也下協民情卽上符天
道防民之口甚於防川導之而使言進之而使通聯之而使
合變通盡利知幾其神此天之所以爲天而
聖之所以爲
聖也

民兵

國家歲出之數莫大於兵餉强兵與富國其事兩相妨也周官司馬之灋管子內政之篇爲寓兵於農之嚆矢唐代府兵最爲近古而閱時未久已復𢊍羸後人召募紛紛幾竭度支之力求其既不病國亦可足兵計日程功歷久而仍無弊者其惟泰西之武備院乎當中國道光之初法王拏波侖第一以梟桀之姿席盛强之勢善陳善戰虎視歐洲普魯士之君臣一戰而皆爲所虜索償兵費割地成和然限制普人養兵之數不得逾萬普王任賢相畢思馬克廣設武備院徧於國中人盡爲兵兵皆入院訓練三載方可卸戎十年爲戰兵十

年爲守兵老弱廢疾孤子例得優免故普之勝法徵調至三百萬人法人國破王禽一蹶幾於不振兵機將略天下稱之俄法還師遂成永制未幾而法人效之矣未幾而義奥俄日效之矣法欲報普義奥防法而俄與日本亦復尤而效之者其意皆在中國耳彼之戰事日益習兵數日益增而我尚掩聰塞明不以爲意他日邊陲有事鐵路隨之一則轉餉徵兵源源不竭一則左支右絀岌岌可危不待彼此交綏而勝敗之機已決矣况中國賦稅所入逾萬萬金養勇養兵居其大半民力已竭兵備尚虚江海防維仍無把握雖所留者多百戰勁卒制伏莽則有餘再閲廿年而少者老老者死游手無

賴孱雜其內弊更甚於綠營即外患不生而天下之兵已疲薾而不堪復用欲急加裁汰外人之窺伺難防欲虛與委蛇內地之輸將已困於此而籌一兩全之策莫如參用保甲屯田團練之意仿泰西武備院而量爲變通薈中國生齒之蕃甲於天下百人之內得一人爲兵而已不可勝用也宜詳攷德國規制沿邊沿海廣立學堂參酌中西延聘教習學成後編入兵籍撥隸勇營弁勇有缺以次充補仍將邊海商民人等設立屯長按時訓練軍裝器械出自公家事畢繳官以防反側才能出衆奬以虛銜有事時調集重操給以俸餉俾自爲戰守統由地方牧令督率經理一旦開釁以勇隊爲戰兵

練隊爲守兵邊省數多腹地數少優免之例不妨稍寬俟規模大定之時將綠營制兵槪行遣撤勇隊之疲弱者亦可酌裁國家歲省千萬金而兵數日增餉數日減無事之日仍可負耒耜以耕有事之時不至驅市人而戰卽他日精兵物故宿將凋零而繼起有人明習戰陣雖復强鄰逼處大敵環攻亦復何患之有措正施行所操者約而所及者廣此之謂也

礮臺

有明一代之邊防東起榆林西迄甯夏首尾萬餘里建碉設堡轉餉徵兵天下騷動二百餘載君臣上下孜孜然矻矻然日不暇給者皆所以防蒙古也本朝入關以來大漠南北各汗王宿衞昏姻悉爲臣僕窮邊絕塞險阻皆夷內外晏然不見兵革及道光咸豐而後泰西各國叩關通市師船絡繹窺伺東南脅我以兵威誘我以教人蠹我以商務疆臣鑒於覆轍購船造礮刱立海軍廣築礮臺以圖自守規模略具杼柚已空自金復以抵瓊崖首尾亦萬餘里邊烽久息而海禁旋開內患甫平而外憂方大天下之患恆出於所備之外非虛

言也惟綜觀大勢曠覽將來恐中國之大患仍不在水而在陸不在東南而在西北也何以言之西人初入中國其意本重通商海道往還兵難久駐苟非因利乘便則割據之事究有所畏而不敢爲惟陸路壤土相連轉輸既便得寸則寸得尺則尺漸翦我羽翼漸窺我腹心蠶食鯨吞脅以兵力今俄羅斯屬地與我毘連者自黑龍江以迄西藏袤延數萬里英人之印度密邇川滇法屬之安南接連桂粵向之判如胡越今則近在戶庭矣向也遠隔關山今則親於唇齒矣方且汲汲然伐山通道行駛火車以通商爲名以用兵爲實所謂項莊舞劍其意皆在沛公者也宜令沿邊各將軍都統督撫大

臣親歷疆陲相度險要酌派勇隊增築礮臺參用泰西之塞門德中國之三合土經營版築必精必堅駐以選鋒守以洋礮兵房藥庫必慎防維高壘深溝必期聯絡德國北境地與俄鄰比年徧築陸路礮臺高堅鞏固宜派員游歷測繪精圖互證參觀務求美善然後擇後路扼要之處先修平路爲營築鐵路之基與武備院相輔而行戰守相資緩急相救開闢地利教養邊人疊險重關因時制變古之籌邊者不患寇敵之進窺也在我有以應之而已不以和好爲可恃也在我有以待之而已先發制人後發制於人西伯利亞之鐵路成而東北西北之邊防棘矣彼俄人虎狼也於此地經營二百年

竭通國之貲財以圖一逞其地東際大海北枕冰洋此項築路之資不取償於中國日本而何待乎或尚輕信甘言置之度外朝菌不知晦朔蟪蛄不知春秋股掌之嬰兒何足與謀大計哉

公法

古有帝者神靈首出刑威慶賞所以持天下之平也自王跡旣微聖人不作喜則玉帛怒則兵戈天下泯泯棼棼日趨於亂五霸乃始假託仁義挾天子以令諸侯仗義執言四海亦陰受其福此泰西公法之所由濫觴也迄乎戰國之時上無王下無霸縱横捭闔彼此以詐力相高秦人藉累世之威席河山之險鯨吞蠶食遠交近攻連百萬之師戰必勝攻必取六王俘虜併入咸陽而天下之生民將盡矣今之世一七雄並峙之形也力不足服人何以屈萬方之智勇德不能冠世莫能持四海之鈞衡德也力也相倚而成亦相資爲用者也

然而天下萬國衆暴寡小事大弱役强百年以來尚不至獸駭而魚爛者則公法之所保全爲不少矣攷公法初興肇於奧都維也納之約英吉利救邪存衞儼然主牛耳之盟嗣而法之巴黎繼之德之柏靈又繼之俄之貪鷙不減彊秦而英君臣之遠慮深謀迥異楚懷之愚闇邇來泰西智士於公法講明切究渺有專書總署同文館教習丁韙良亦屢加繙譯惟比年有大交涉西人輒謂奧都之約中國未及與聞則公法之行中國亦不能援照此蠹言也亦欺論也美利堅日本諸邦皆未與此約者也夫理之所在以勢爲衡今天下之强國惟俄羅斯可以敵俄者惟英吉利然水師雖勁陸兵尚單

其在歐西昔交歡於法今結援於德俄人俛首息喙乃改道而欲出琿春日本地小民窮欲致富强尙需歲月亞洲之可以拒俄者惟中國耳英與中德之交不絕則四海昇平之局雖再閱數百年可矣知大局安危之所在則盱衡時勢可毋庸尊己而卑人知中國關係之匪輕則改易約章亦不必畏難而自阻宜將公法一學設立專門援古證今折衷至當葢中國道咸之際當軸闇於外事始也欺敵而敗終乃聽客所爲太阿倒持授人以柄淵魚叢雀幾兆已形安可不據理援情力圖補救耶揣西人之隱衷在當日則慮中國之過强强則絕市閉關將迫逐之不暇在今日又慮中國之過弱弱則

强鄰密邇以肉飼虎彼之禍害隨之也雖有智慧不如乘勢

雖有鎡基不如待時伺閒以批之迎機以導之蓋有知之而

未能遽行者矣未有不知而能行者也統維全局洞悉外情

誰謂濟濟

天朝不如區區日本乎

使才

夫子曰行己有恥使於四方不辱君命可謂士矣又曰誦詩三百授之以政不達使於四方不能專對雖多亦奚以爲知行人一職見重周官必體用兼該經權具備有大過人之才識者乃能勝任而愉快也春秋之世季札晏嬰叔向諸君子皆以風流文采照映當時修好聯盟隱繫國家之輕重迨漢武議開西域張騫鑿空博望封侯所從吏卒皆爭言外國奇怪利害以相夸耀言大者予節小者爲副外國寖厭薄乃禁絕食物以困辱之漢使乏絕爭言外國灾害兵弱易擊遂有烏孫大宛之師使命之非才邊釁之所由啟也唐宋以還夷

夏迭相强弱金繒書表亦國體所關本朝出使泰西肇於圖理琛之役然意主撫循藩部軺車所指僅及裹海之濱尙未至俄京彼得羅堡也同治而後五口通商使命往還遂成故事周旋壇坫豈曰無人而等量而觀終覺彼之氣盛而我之氣衰彼之勢伸而我之勢屈者此其閒有大蔽焉不可不察也彼之使者皆攷察本末愼選賢才洞知彼此之情形熟悉坤輿之大勢一事之從違可否碻然有見於中一身之利害死生漠然不以爲意以保商務以張國威以偵敵情以敦睦誼而我所遣之使或書生迂腐不達外情或新進浮夸未諳政體重以當道節省經費參佐任用私人非以寒儉開輕藐

之端即以浮薄啟侵陵之漸名實交喪威重日摧矯其弊者乃避客杜門一無事事遷延三載坐待保升尸位素餐徒縻巨款苟責以不能舉職則諉於兵船之不至也黨類之太孤也獨不思彼國使臣亦何嘗輒調兵輪輕開戰事乎夫伊古以來使事之難莫此時若矣而竊觀出使諸臣河上逍遙易莫易於此者抑獨何也宜令內外大臣保舉使才必須兼采論箸發策考試以驗真才參贊隨員關係亦重預飭中外保舉賢員定期扃試取錄者總署記名使臣按單揀員奏調不得瞻徇親故任意濫竽三載而還覈計功績隨員可升參贊參贊可放使臣使臣可入總署心力專注而以一考爲之基

使臣職任宜仿泰西申畢周禮小行人之職辨物反命廣譯西書以周知天下之故上尊國體下養人才及返國之時皆宏濟艱難之良佐矣否則因徇苟且年復一年徒開僥倖之門孰任仔肩之寄遠人騰笑強敵生心求其熟察夷情不辱君命如曾紀澤者有幾人哉兵法曰知己知彼百戰百勝傳曰兼聽則明偏聽則闇老成謀國者可以思矣

驛傳

天下之土地由狹而廣也邦國由分而合也事變由少而多也古之時王畿千里區以五服別以九州各子其民各君其國自爲風氣不相往來秦併諸侯漢開邊境自是而後土宇日闢生齒日蕃世變日紛則驛傳日重置郵傳命達意通情無君民上下皆欲之皆用之皆需之此自然之理也中國置驛設臺專遞公文不通私信經費既鉅流弊孔多道路稽延人馬疲斃及軍情瞬息警報紛紜雖有官司仍虞曠誤各省會及沿海要地多增設文報局以捷信音商民遠適他方聲聞睽隔黠者刱立信局用便旅人各口輪船既通推行日廣

然辦理一切官不過問故劫掠逃閒之事時有所聞且陸路收資爲數過鉅國家歲費帑金百萬而膏澤不逮於民分道揚鑣上下交病已大非君民一體之盛心矣況信局惟利是圖耳目見聞有所不及遂有土匪伏莽逆書秘信任意飛傳而塘報遷延乃反瞠乎其後疏虞之患何可勝言今泰西諸邦均設立書信館公文私信一律通傳酌收微費以資津帖不惟設驛之費綽乎有餘而積少成多遂爲每歲大宗之入款官私利便消息靈通旣易稽查永無遺誤利民利國二者兼之矣惟聞近日總稅務司有延訂西人代爲經理之說無論民情疑怪易滋事端而履霜堅冰尤不可不防其漸蓋天

下之事譬諸一身土地猶肌肉也財貨猶膏血也而驛傳四
達則脈絡之所流行也沿海稅關既以相授而聲息之筦鑰
復舉而畀諸異國之人則天下大權咸歸掌握即英人不貪
土地設彼自爲操莽何以禦之此存亡禍福之機緘必不可
輕心以掉者也竊謂西人決不能用而西法必應仿行責成
出使諸臣將各國書信館章程詳加繙繹參酌舊制議立新
章以現在驛站塘汛爲之基而各省鎮埠鄉村均設分局量
收信費酌派賢員纏析條分實心經理稍有私弊立予撤參
每歲所收專款報部仍由各省臬司督辦現有信局飭令閉
歇仍將夫役人等收入官局俾得駕輕就熟且免失業爲匪

民間寄信之資統照信局酌減一半刊刷憑紙無論何處均可計日飛達以便閭閻仍與電報局聯爲一氣中國地大物博商旅繁多通一歲計之所入當不下二三千萬而官報之往來愈捷民財之節省已多大憝句通預籌防範窮民奔走益廣生機惟一二壟斷之信局商人稍失重利然利多害少取信商民言籌餉於今茲計無便於此者獨是國之利器不可假人苟以赫德爲之則其害亦反是毫釐千里移步換形所望於彼已之閒孰思審處毋倚其小忠小信而自貽後患於無窮也

刑法

五刑之作肇始蚩尤自堯舜禹湯文武以來代有損益周禮大司寇掌建邦之三典以佐王刑邦國詰四方司刑掌五刑之法以麗萬民之罪然五禁五戒以防其犯三刺五聽以察其冤三宥三赦八議以寬其罰刑者非先王之所得已也然呂刑具在剕宮墨劓其罰三千三族九族之誅千鍰百鍰之罰自漢而後代加禁革所存者斬絞軍流而已頗疑五刑五用昔重今輕律例相沿不宜增減矣泰西古制放火害人者焚而斃之夜獲穿窬格殺勿論奴婢犯竊投畀縣崖一馬一牛均科死罪今一切除去卽罪至叛逆亦惟縊而死之誠以

斷者不可復續死者不可復生以不忍人之心行不忍人之政無中外古今一也惟彼此相衡仍覺西輕而中重每有交涉動啟紛爭泰西領事諸官乃得操會審之權不復以與國相待日本東瀛小國耳而西人之商於其地者俛首服罪而無辭國體所關非細事矣竊謂中西刑律各有所長允宜斟酌其間變通盡利蓋刑罰過重不足以禁暴除邪徒絕人爲善之路而已西律有古意尙存者三事焉一曰監禁作工周禮司寇以圜土聚教罷民害人者置之圜土而施職事焉以明刑恥之西制罪人入獄必習一業男執技藝女督縫紉工資半給本人半充公用出罪之日則資本俱足學業已成所

謂施職事以恥之者今乃土室棘垣暗無天日赭衣黑索慘受拘攣禁卒甚於虎狼穢氣蒸爲癘疫此非人理不可不禁者也一曰輕犯充役周禮有罪者坐諸嘉石役諸司空重罪旬有三日坐期役其次九月七月五月三月使州里任之則宥而舍之泰西罪犯皆督以營建開墾諸工趨役有期不勞而集而度支之節省已多矣一曰入鍰贖罪金作贖刑著於堯典自罰鍰禁革徒爲貪官蠹役藉端婪索之資陽持之而陰縱之大吏何由覺察也泰西輕罰入鍰輕重有差用以修理街衢潔清道路原情定罪化私爲公此不可不法也中國有變本加厲而首應限制者一事焉曰笞杖笞杖之制仿於

扑作教刑立意未嘗不美而相沿旣久酷吏借以殺人多有
小過非辜立斃杖下者似應嚴加禁約明定章程勿使無知
小民橫遭冤酷也今日刑曹之長於重罪多主平反而於輕
罰未嘗措意鞭箠桎梏與死爲鄰夫天下之至可憫者輕罪
也而天下之至易虐者愚民也刑禁不懸司剌不舉惟明克
允擇善而從是所望於視民如傷之
君若相矣

旅人

傳曰國以民爲本民以食爲天我有民而不能自養之而使之乞食他邦羈身異域已大非先王敬天愛民之本意矣況今日出洋謀生之衆多至數百萬人其去也漫無稽查其歸也轉加以禁錮如秦越人之肥瘠漠然不加喜戚於心墮溷飄茵莫知其極是棄民也棄民者不仁孰甚焉粵之前督有見於此嘗派員游歷議增設領事以慰安之而美日秘之使臣畏難苟安不知大體輒謂華人生長其地已無內嚮之心兼受制西人雖有官司將成虛設自有此奏而當日之良法美意舉屬空言矣夫威令之不行非一朝一夕之故矣今日

之事如追放豚既入其苙又從而招之招之而不至民之罪也逆億其不至而竟置不招則國家之過也比聞海外華民伏腊婚喪仍遵國制入彼籍者寥寥無人偶見漢官威儀拍手歡迎爭先恐後富人子弟均讀書應舉以一至京國爲榮及帖報泥金則父母國人交相喜慰邇來畿東水患前後捐賑至數百萬金各省派員遠道勸捐爭得頭銜以相誇耀民情如此而謂其食毛踐土已忘本朝爲誰其信之夫財者人之所惜而習近忘遠者人之情也敵之國勢方張我之海軍不至所設領事又未必皆忠信明決足以取重遠人而議者輒先以就地籌款爲詞欲剝彼之私囊以充公用日後形格

勢禁其能否保護尚未可知而目下之虛糜固已補瘡而剜肉夫亦何怪其然也此其間有微權焉先著焉無他稽其往護其來結以恩孚以信而已矣父母之於子也家居者視若泛常耳及其服賈四方則遠送於門倚閭而望戒其行李慎以風霜豈薄於彼而厚於此哉出與處之不同也今我之民拐販而去既不能防護於先挾貲而歸或更且摧殘於後愛民如子之謂何矣宜於香港澳門及各商埠設立總局稽查保護出洋商民願出謀生者入局報名官給船費與所往之國訂立合同量扣工資議定年限如有疾病年老或久假思歸力難自脫准隨在具呈領事知照各局代整歸裝其懷挾

重資欲歸故里入境後詣局報明給以護照令所在官吏加
意扶持有侵淩詐索者重治其罪庶遠適異國不憂資斧之
艱復歸故鄉得享田園之樂其現在各島爲工爲商亦宜考
其生計之盈虛察其風俗之美惡審其戶口聯其性情禁其
奢淫除其疾苦而後四海喁喁然嚮風慕義官司可以增設
而政教可以漸行也

南洋

今之籌海者毋遽及西洋也籌控制南洋而足矣明成祖之明能見萬里之外矣維時泰西商舶甫得窮探印度泛海而東而中國之寶船已震兵威於瓜哇浡泥諸島終明之世二百餘載畏神服教朝貢弗衰迄中葉以還始乞地澳門竊據臺灣以爲窟穴西士之聰穎者亦得以巧思奇器自達於京師然疥癬之疾蟣蝨之臣毫不足爲中國輕重入者主之出者奴之亦當日赫濯之聲靈有以攝之也本朝威武所加偏於西北而東南沿海自臺灣一島外均度外置之各島夷隔絕重溟無所歸命西人遲之又久乃漸肆鯨吞蠶食之心倚

其珠璣材木香椒珍錯之饒以運售於中國故南洋者西人之外府也中國棄之而後西人得而竊之者也論者輒謂泰西各國相距七萬里限以重瀛雖鞭之長不及馬腹而不知其精神命脈均在南洋苟能次第挽回因海外之華民以漸收其權利則因宜制變此虜已在掌中矣控制之方厥有四策一曰設官司新加坡領事權輕望淺往返稟命動輒兼旬而距粵東海程不過三日宜於其地專駐使臣管理各島華民交涉之事各埠均設領事以隸之經費所需概由內地籌給二曰護商旅商旅所萃不可無官以理之尤不可無兵以護之南北洋海軍宜歲時游歷仍准各埠保舉商董捐置兵

輪以順民情以張國勢三曰建學校人必讀書明理而後聰穎特達不甘受制於他人西人於屬地之民咸加抑勒亦遂無能自拔者宜由國家於每埠撥給帑金數千𠢎建書院廣勸中外富商巨賈捐集膏火之資教以中西之學愼選山長嚴定課程卽由領事各官主持經理四曰舉賢才生齒至數百萬之衆茂材異等豈曰無人在上者無以勸之斯湮沒不出耳書院肄業諸生宜仿內地歲科兩試由使臣兼管學政選補博士弟子員錄送科場官給資斧願就藝學科者聽之果於中西各學總貫淹通使臣保送到京破格擢用則山陬海澨無棄材矣夫西人閱歷既多狡譎滋甚華民之寄居其

地者固未易遽脫羈絆就我範圍然各國生齒不蕃勢力相等欲興商埠必用華人所患者西人皆學而華人不學故終爲人役耳歲費數萬金以羅海外之才以待歐西之變他日必有奇材碩彥應運而生爲海上之夫餘以藩屏中國者故海大水也西人成梁者也華人問渡者也南洋者東西之樞紐而他年大一統之權輿也

海圖

海亦地所函也伊古以來有地圖無海圖巨浸稽天莫知其極於是而十洲三島種種幻異荒唐之說起焉泰西之智士倚其舟楫之利航海西行既得亞美利加南北兩洲而開闢之復從國人以實之矣壯心未已遵海而南乃泛太平洋而西歷日本中國以達印度始知坤輿全體渾渾而圓山海高深實相附麗大氣所攝旋轉天中此萬古聖人所未開之祕鑰也近今百載富商巨賈絡繹往來一葦可杭幾如戶闥復有精思絕詣剏造火輪舟車天馬駕雲不足喻其神速從此海天萬里蕩蕩平平環地球一周者相續於道雖博辯之士

不復能信古而疑今即跋躄之夫亦得以窮深而極遠比來泰西各國圖經日夥而中國明智之士亦遂有瀛環志略海國圖志之刊博矣備矣美矣備矣吾人何幸而生當此際乃得見古人之目所未見聞古人之耳所未聞也惟是中外諸書僅詳其略至於風潮之變易沙線之遷移島嶼之紛歧程途之迂曲斗極星躔之伏見炎天冰海之往來驗以天文徵諸物產偶有兵事則電音飛達晷刻不逾轉餉徵兵風馳霧合不有以攷察於平日何能應機立赴履險如夷合九萬里之遙瞭然若指諸其掌乎故英法諸國創設海軍即以攷察海圖爲首務兵輪巡歷魚貫蟬聯所至紀其見聞量其度數

究其異同分合之所以然當事者集思廣益聚而稽之其或偶有變差則徧諭軍民使知趨避日省月試歲課其成稽之如此其詳也防之如此其密也此其所以縱橫四海凌轢萬邦之左券也或者鰓鰓然僅於船堅礮利求之抑亦末矣中國於海道素未究心不惟浩渺重洋莫測涯涘即海疆附近十里百里之間亦如瞽者遵途罔知所嚮彼明而我昧彼智而我愚彼觸處皆通我所如輒阻何待兩軍相見骨騰肉飛而後知卵石之不能相敵哉今已幡然變計仿立海軍鐵艦魚雷規模略備惟攷察海圖之舉寂然未有所聞宜由出使諸臣訪討精圖詳為繙譯仍令海軍提督督率將佐加意講

求由粗及精自近而遠勤奮者奬怠慢者誅仍仿設練船稽
其成效他日推行寖廣測算益精非惟成竹在胸即人才亦
當輩出矣否則彼日進我日退彼益强我益弱巧拙相越勝
負相懸雖再歷數十年數百年正恐後之視今亦猶今之視
昔也誰非人子誰非人臣君父之疾深矣革矣乃猶矜心尙
氣坐視危亡詡詡然自以爲忠且孝也千載而下其謂之何

漁團

當法越肇釁之初當事有勸辦漁團之議或乃鋪張揚厲一若師船不足深恃惟此沿海漁人百萬狎習風濤四面環攻出其不意足以爲制勝克敵之方者議論雖多卒無端緒遷延數月而和議成矣續有悉外邦之事勢熟海上之情形者謂溟渤風潮雷轟霆擊人力至此而窮西人巨礮堅船以鐵網魚雷快槍電燈相輔昕夕嚴備行駛如飛智勇無所施追擊不能及泰山壓卵當之則糜兵法曰置之死地而後生倘有可生之望耳既已決不能生又安能概責之以死也故漁團一事以備尋常海盜或可收鉛刀一割之功而非所論於

今日之海軍泰西之强敵也之二說者皆是也而皆非也夫漁團者當編查於平日而不能取辦於臨時當以防奸細絕接濟禁登岸爲功而不能倚以爲禦侮攻堅之用何以言之彼漁人者皆中國之民也其畏死貪利之心亦與常人等耳平日置諸度外一旦有事遽欲編之卒伍置之前敵驅之於槍林彈雨之中雖黃金滿前白刃在後猶有畏避不遑者豈區區一紙公文遂能作其忠義之氣乎然漁人雖賤固猶中國之民也乃任其流蕩而罔歸漫散而無紀存亡衆寡莫悉端倪合天下萬邦亦未有粗疎闊略如中國者何怪其通匪濟賊惟利是趨不知自愛也宜令沿海各省略仿保甲查辦

漁團選立正人以爲之長妥籌經費慎選賢員購備槍刀督率訓練閱操既畢繳械於官爲首之人給以月餉海波帖妥各自謀生及兵事已開則糾集壯丁駐守其地仍撥帑恩恤以結其心庶令下如流水之歸不至臨事張皇徒增驚擾矣泰西各國相距七萬里調一兵之費需數百金恆以利餂貧民衝冒鋒刃無知赤子受其指嗾自蹈死亡今教練而稽查之則誘脅之端可絕以防奸究一也海船薪糧雖備而新蔬淡水必購諸陸地之居人查禁既嚴則取攜非便以絕接濟二也中國百產具備無假外求故封禁口門不足以困我惟海疆萬里口岸繁多處處設防兵力有所不及相持既久彼

將登岸攻城漁團伺便焚船以絕歸路跋前疐後必有戒心以禁登岸三也此三者皆就彼之所能以補陸師海軍之不足若輩生長海澨日久豈無傑出之才乘隙立功以取富貴者苟遽責以忘身殉國冒險衝鋒則舟艦之大小懸殊器械之良楛倍蓰勢力之強弱天淵性命鴻毛輕於一擲即重賞之下亦未必果有勇夫也況持斗酒豚蹄而祝篝車之併滿哉故漁團者可恃而不可恃不可恃而可恃者也不思利而思害不以戰而以守不用短而用長於器使因材之道思過半矣

天文

天文者歷法之根原也繄昔五官分命敬授人時一統宏規首頒正朔周禮馮相保章之職附隸春官志日月星辰之變遷以辨四時之敘嗣是司天修歷代有專官歲實日元愈推愈密元人先併西域始入中原故太史所司參具回回之歷明因郭守敬之舊日久遷變疏舛已多西士利瑪竇諸人乃舉其奇器巧思重譯而獻之中國徐光啟李之藻輩遞相傳習亦能洞見本原維時心學盛行卒未能致諸實用逮我

聖祖皇帝聖神天縱博學多能始作考成精蘊諸篇察璿璣玉衡以齊七政而梅文鼎王錫闡等並以精思神悟總貫中

西煌煌乎一統無外之規模開於是矣自時厥後寰海傾風
經師疇人相續不絕前有戴震之屬析理日精近有李善蘭
之儔譯書愈廣西人歎服謂彼國之人多明數而不明理知
其當然而不知其所以然惟華人理數兼賅精粗一貫借根
代數本東來法傳入泰西今幾何之書復歸中國抱遺守缺
正自有人知此理之終存天壤也惟窺筩測器彌近彌精四
百年來疇人輩出知地球自轉繞日而行則一切本輪均輪
之說可廢矣知日與恆星亦有微動則一切歲實歲差之故
可明矣五星及地球外至遠者尚有天王海王二星繞日之
小行星多至一百二十有九金火木土諸星均有一月或數

月繞之行星繞日及月繞本星之遲疾各各不同列宿皆係恆星與日相類光體攝力大小迥殊蓋自有三率比例之方顯微回光之鏡皆能考其運行之度衡其輕重之數校其高庳遠近之差而日躔月離遂以曲暢旁通更無疑滯至於潮汐之消長彗孛之隱見風霆之止作羣星列宿之交會伏留古人所爲六合之外存而不論者均測以常理得其常數先知預測合節同符不可謂非千秋快事矣惟中國欽天監寺雖有專司習故安常絕無新得偶有才俊之士略闚門徑又苦於從師之無力測器之不全昧者不及知知者不及學天下之大明習天文者寥寥無人焉亦國家之深恥也謂宜慎

選監正增給俸廉博徵明算之人出洋學習購備精器歲課其成有能自出心思測驗新理者給以歲俸獎以虛銜苟願爲官授以監職如有日食及五星過日諸事仍先期籌款派員分測以驗道里蒙氣之差夫占星揆日治歷明時非直以爲觀美也比來泰西諸國勇猛精進新法日多邦人之趨向無歧海宇之聰明愈闢民情國勢興也勃焉土耳其波斯印度及諸島夷則四序昏蒙罔知甲子內訌外削亡也忽焉伊古以來未有不知天不知人而可以開物成務者愼毋怠慢因循爲海外遠人所竊笑也

電學

三百年來泰西之智士致知格物精究天人竊我緒餘成其絕詣遂有天學地學化學重學光學諸科咸竟委窮原因此達彼良工利器益國便民而四海之氣象規模煥然爲之一變各學源流授受經緯分明盡屏虛無歸諸實測卽深遠難知之理皆耳目之所共見而共聞造極登峯已有止境矣惟電學一事雖已有電報電燈電筩電車之製宜民利用巧奪天工而電之氣何自生電之力何所極彼國之老師宿學皆不能悉其當然更未能深明其所由然也夫電之爲用因雷霆下擊氣類琉璜故攷驗其間愈推愈廣今日之所用乾電

與溼電而已磨盪之電與化分化合之電而已電之效用於人者生力生光二事而已然電信則一綫飛遞不越須臾電筩則萬里傳聲如親謦欬電燈之皎潔星月不能掩其明電車之飛馳龍象不能齊其力九天之上九地之下五洲萬國南北二極之閒氣之所至而電卽至焉氣之所不至而電亦至焉萬物皆有象而電則出於虛空萬理皆有涯而電則曠無邊際因疑地球繞日卽爲日中之電力所持月繞地球實爲地中之電力所攝而五星繞日與地球分道而行圜則九重永無淩犯月不折入於地地與衆行星不折入於日亦各有電力相維相制以終古無窮維人亦然人身之電力必與

空中之電力輕重相等故起居坐作得以自由下至飛潛動植之倫各有生機卽各函電力同生並育適如其分量之所必須故電也者造化之端倪上帝生天生地成人成物之神機妙用也虛而擬之則道也性也生也實而徵之則光也熱也氣也皆未知其一而二也二而一也一與一爲二二與一爲三也是故巧思奇器其力皆有所限其量皆有所窮電則疑鬼疑神非眞非幻語大莫載語小莫破無遠弗屆無堅弗摧惜開闢五千年未得用之之法耳今用之未及百年不過億萬分之一而已耳目筋骸之盡廢且言思擬議之俱窮矣泰西各天文臺皆設暗房察地下所升之電陰晴風雨如響

應聲而於氣之所生力之所極仍博求新理汲汲不遑謂宜薈萃羣言參彷規制窮思力索得其統宗此亦他日師夷制夷之樞紐也夫磁石引鍼琥珀拾芥物理相制同氣相求火器始於元人電學原於火器僅泥粗跡未底精深固已霆擊雷轟殺人無算殺機極而生機伏矣美國力士失畢大江瀑布千尋所生之電足給一城機器之用中國之瀑布多矣長江大河深矣遠矣人巧極而天工錯取精多而用物宏今何時也斯何世也而尙齗齗然執管以窺天膠柱而鼓瑟也斯天下之大愚已

格致

自大學格致一篇亡於秦火西漢黃老之學朝野盛行東漢明帝夜夢金人佛教亦乘虛而入中國迄今二千載中國賢知之士溺於高遠而清淨寂滅之說遂深中於人心漢儒守缺抱殘穿鑿附會泥於禮文之跡未窺制作之原宋人析理雖精而流弊之所歸亦苦於有體而無用與二氏無以大遠也大抵束縛智勇掩塞聰明錮之於尋行數墨之中歸之於見性明心之內其盛也可以銷磨志氣忘機寡欲使亂階無自而生其究也手足拘攣爪牙虧折中原萬里曠若無人而外患之來遂橫潰側出而不可救藥印度自漢以後釋教大

興而一併於天方再夷於蒙古三滅於英吉利合五部八千萬之衆束手而受制他人故二氏者弱國之樞也貧國之券也即亡國之禍首罪魁也中國自格致無傳典章散佚高明沉潛之士皆好爲高論而不知自蹈於虛無遂使萬古名邦氣象薾然將爲印度之續天惻然憫之皇然思所以救之乃以泰西各國所竊中國古聖之緒餘精益求精還之於中國中國之人遁天倍情忘其所受乃强分彼此疑而却之竊以爲非計也夫泰西之天學占星揆日足資修歷授時者我聖祖皇帝既已采而用之矣有地學焉識五金之質辨九土之宜析山海以豪芒得神奇於朽腐而地無遺利矣有化學

焉别五行之精氣審萬類之性情分之合之以盡神參伍之
錯綜之以盡變而物無棄材矣有植物學焉判天時之寒熱
攷地力之肥磽去其所害而性不傷聚其所欲而生乃遂則
庶彙蕃矣有工藝學焉竭心思耳目之能廣水火木金之用
寓靈奇於規矩窮變化於鬼神則百貨備矣有重學焉古法
有所未備人力有所必窮動之靜之而用殊假之借之而事
集則無塞非通矣有光學焉導水以生火積氣以然燈回光
窺日月之精照海絕風雲之阻則無微不顯矣此數者祗其
大略以外所得之新理所創之新法所成之新器所箸之新
書萬族千名更僕而未能悉數而固非別有奇奧也其道至

庸易知易能宜民而利用而固非索之虛無也其事至實愚夫愚婦習見而共聞小叩小鳴大用大效變通盡利因應無方洵足窺大學之淵源亦以補冬官之闕佚視二氏之課虛叩寂談元說空率天下之人入於幽暗昏蒙之域者其賢不肖何如也作者之謂聖述者之謂明此古人格致之眞功三代富强之實效秦政燔書之後遷轉至於歐西彼自以久假而歸之我疑爲異學而擯之囂囂然自命爲聖人之徒而不知其背古逆天貽誚於天下後世也於何辨之辨之於有益無益仁與不仁而已矣

西醫

中國之醫學導源於神農黃帝岐伯諸聖人本草靈樞素問之編精矣備矣越人扁鵲別著難經脈絡稍殊指歸則一惜理法雖具而方劑無傳及後漢張機所述傷寒金匱之書始別類分門燦然明備攷古者因漢志未經箸錄遂疑內經卷帙皆後人依託傅會之辭而不知其精理名言有斷非俗儒所能作僞者唐宋元明以後採摭益雜方術益歧今人每見經方輒生疑沮於古人壽世保生之意愈久而愈失其眞醫理之不明疾病夭札之所由接踵也惟古人治病湯劑特其一端其針灸外治諸方失傳已久書傳所載諸治驗雖或夸

張失實然湯散之不及必有他法以佐之無疑義也今天下醫日多藥日雜病者不及擇死者不可稽而泰西之醫乃盛行於中國攷泰西醫術始於希布可拉弟司當中國周貞定王時箸書六十餘種邇來精研化學推闡日精醫者授於師掌於官器必求全藥皆自製偶有不治必攷其由與周禮所謂十全爲上失一次之失二次之失三次之失四爲下死終則各書其所以而達於醫師者用意適合今之論者或抑此而伸彼或擯西而袒中各尊所聞莫能軒輊而要之中國則漫無稽考日退之機也泰西則加意講求日進之勢也竊嘗取彼國醫書而讀之固亦各有短長矣西人病死則剖視之

故全體脈絡攷驗最詳然所見者已死之筋骸藏府也至於生氣之流行化機之運動尚有非耳目所得見聞者執朽腐以測神奇安必果能脗合故西醫常泥於實而中醫常失於虛西人內證諸方用金雞那阿芙蓉者十居八九攝邪入胃而使之下行苟中氣素虛恆以伏留致困惟內證而兼外證者則精麤咸備取效如神庶幾古人割皮解肌剔筋搦髓之遺意故西醫之法參而用之可也舍而從之不可也中國旣自有太醫院矣謂宜略仿西制優給俸糈精選世醫考校充補各省郡縣分設醫官治驗定方歲稽得失專門立學總貫中西毋許庸妄者流濫竽充數其養生衛生之法咸加搜采

彙爲一書庶本末兼該源流合一壽人覺世總於斯矣夫醫非小道也自在上者等之於雜流方伎而中國生齒之蕃庶復甲於五洲上下漠然不甚愛惜遂使僞藥盈市庸醫塞塗橫死夭亡比比皆是而彼此因循苟且絕不一思補救之方於古者尊生愼疾之心育物仁民之意蓋兩忘之而兩失之也可慨也夫

婦學

易曰乾道成男坤道成女各正性命保合太和故古人立教男女並重未嘗有所偏倚於其間也我中國婦學之不講也久矣古者女史女祝各有職業略如男子之專藝而守官至於婦德婦言婦容婦功所謂通方之學也蓋自編戶之民以上達於天子莫不習於禮容而冠昏喪祭諸儀則后妃夫人內子命婦皆有職事非平日肄習臨事何以成文是言容二端實兼詩禮其婦功所職如女紅中饋蠶桑紡職之類所包尤廣三者具備而德寓其中矣劉向言古人生子擇於諸母之寬裕慈惠溫良恭敬慎而寡言者使爲子師夫阿保於女

職最下必臣妾以下始得爲之而以上所稱則世所推仁人有道之容也古阿保之賢乃至於此豈生而然哉其所以教之必有道矣是故書稱釐降詩首關雎夏之興也以塗山商之興也以有莘作彼周京齊諸十亂太姜太任開其化太姒邑姜嗣其徽周禮內宰以陰禮教六宮以婦職教九御自宮壼之閒以至委巷之內莫不受學亦莫不有師故在家爲賢女既嫁爲賢婦生子又爲賢母此三代以上所由大化翔洽而賢哲篤生也後世婦學失傳其秀穎知文者或轉爲女德之累遂乃因噎廢食禁不令讀書識字寖至驕佚偏僻任性妄爲自南宋以還裹足之風徧於天下及四五歲卽加束縛

終身蹇弱有如廢人不及格者父母國人引爲深耻苟推是心以爲學則四海皆才達之選也泰西風俗凡女子紡繡工作藝術皆有女塾與男子略同法制井然具存古意故女子既嫁之後皆能相夫佐子以治國而齊家是富國强兵之本計也中國四萬萬人婦女約居其半安居飽食無所用心無論游惰之民充塞天下即一家論之而已半爲棄民矣而況弱齡失教習與性成始以淫賤妖蠱爲長終以暴戾奸貪爲事夫承其弊子效其尤人心日漓風俗日壞其害之中於深微隱闇之間者永無底止也謂宜嚴禁縛足治以象刑令各省郡縣之間就近籌捐廣增女塾分門別類延聘女師女子

自四歲以上至十二歲爲期皆得就學才而賢者立法賜物
準終身佩服以旌之貧者爲擇賢配以奬之俾朝野上下間
蔚然蒸爲風俗此正本淸源之要術久安長治之初基王道
不外人情中庸造端夫婦幸勿疑其迂疏而寡效也

合從

至哉林則徐之言曰英法諸國不足慮也終爲中國之大患者其俄羅斯乎文忠之言其殆聖矣雖然其事常相因其害若相等而其中自有緩急輕重之差焉不可以不審也夫英法諸國之病中國也其始也如蚊虻飛而噬人撲之不能搔之不可其既也如癰疽創痏吸人之膏血而聚之一隅久則尫削疲羸飲食銳減治之之法當先扶元氣而漸下刀砭卽日久失治焉而致殆之原亦當在精氣銷亡而後故務農殖貨通商惠工者水穀之眞源元氣之所由日復也彼俄羅斯則虎狼也食人無饜並四肢百體而吞之求緩死須臾而不

可得其於我又心腹之疾也中於藏府伏於膏肓入之也深
而發之也驟七月不汗不下而大命傾矣惟是俄入中國二
百餘年恭順謙柔異於他國及五口通商之役始陽爲居閒
陰便私圖後乘中國粤捻交訌而始割琿春據伊犂煽高麗
終未顯然抗我顏行者豈俄人之情果殊英法哉陸路縣隔
餽運艱難力不及勢不便耳彼泰西諸國當道光以前未有
輪舶之日乞恩互市蝟伏澳門亦安敢桀驁恣睢如今日之
動相要挾哉故輪舟鐵路者縮地之神方補天之祕術虆虒
虎而使之拚飛者也俄人蠶食鯨吞見利忘義彼何愛於中
國獨能善保初終故西伯利亞鐵路之工一不成則已成則必

敗前盟必攻中國斷斷然無可疑者秦霸西戎東面以臨天下俄背北海南向以爭中原先後同揆若合符節故俄羅斯者今日之強秦也德相畢思馬克曰俄地如長蛇袤延三萬里荒遠寒瘠他人所棄而西界歐洲東鄰中國皆富庶之名邦也若權衡然輕重相等彼得中國必滅歐洲彼得歐洲亦必併中國惟東西合力拒而塞之於內始可永持大局之平英國君臣深闚此意舟師鐵艦隨所向而犄之然陸兵無多必結援他國歐洲之近俄足以敵俄者惟德國亞洲之近俄足以敵俄者惟中朝故德之與中相距七萬里而唇齒相援之局天定之矣德聯奧意以保土中聯日本以保高俄人用

兵於西則德合奥意禦之而中國議其後俄人取道於東則中合日本擊之而德國搗其虛英以海軍游擊其閒水陸相資首尾相應則柙中虎兕雖永不復出焉可也韙哉斯言泰西之蘇季子矣惟德英奥意諸國均已訂立密約有事相援而日本中朝仍相猜忌不思禦侮惟慮鬩牆俄人傾一國之金賫汲汲然冀鐵道之早成以圖一逞非豫謀合從何足以力擯彊秦形勢所成瞭如指掌中西智士所見略同理有固然事有必至六國已矣後人哀之願毋使後人而復哀後人也

法美

愚哉法人也當中國同治之季其王拿波侖第三挾屢勝之威席全盛之勢以小嫌微釁淩侮德人德王維廉第一及相臣畢思馬克君臣同德上下一心起傾國之師合南北德意志三十六邦之衆三戰而入其阻覆其軍擄其王圍其都會法國勢孤力屈靦然爲城下之盟所賠兵費至十五萬萬迄今二十載法人悉索儆賦一意復讐籌餉增兵不遺餘力徒以奧意合從南北聯邦一國之師恐非其敵並因前此坐視深怨英人環顧歐洲非彊俄不足以爲已助遂乃引虎自衛曲意聯懽以爲他日法攻其南俄攻其北俄長陸路法擅水

師猗之角之一戰而勝之遂可以惟所欲爲縱橫四海也而不知德法脣齒也俄之所以俛首息喙不敢逞志歐洲者以土爲東屏德爲西蔽耳德國果滅則北方一面袤延數千里緊與俄鄰水陸交通遂有防不勝防之勢固歐洲大局之憂而亦豈法國之福也千金之隄潰於螘穴一朝之忿忘身及親法可謂天下之大愚已黠哉美國也自以別處一洲國勢安於磐石君民倡自主之說欲胥天下而與從之公法兩國相爭義無偏助惟美國恆陰爲接濟倚爲罔利之謀故泰西各國併力防俄而美則運售軍裝以濟其惡朝鮮一國東海之藩籬也五百年隸屬中朝仰承庇蔭美獨慫恿朝人自主

脫我掣維俄使欣然交相簸弄夫朝鮮之不能自主也久矣不屬中必屬俄朝既入俄必將開埠駐兵以獵東南洋之利則虎兕出柙人有戒心而美獨利擅漁人坐觀鷸蚌故美利堅者天下之黠人也惟愚者自以爲黠而黠者亦未始非愚七國之齊距秦最遠方謂東帝西帝脫然不與其憂及燕趙皆亡齊亦繼滅險遠之不可恃也如此俄苟併吞諸國則東海西海一水盈盈輪船往來不踰旬日彼亞墨利駕南北二洲亦豈能事外蕭然若桃源之避世哉故法國愚人也美自以爲至黠而究其實亦愚人也惟是德法深仇已成莫解欲其棄嫌修好戮力同心此際轉圜良非易易美國晏安已久

習氣漸深黨類紛紜已有尾大不掉之勢法貧而美富法彊而美弱法樂於戰鬬而美憚於兵戎必諗知彼已之情形乃能曲盡防維之竅要服法以綏馭美以急制美以剛勝法以柔西結德英東聯日本攬持全局而徐定其指揮雖執牛耳以主四海之齊盟可也今比而同之曰洋務而已西人而已虛實不知情僞不悉是非倒置輕重錯糅當羣雄角立之時事會之來間不容髮顧以疲乘下駟與驊騮騄耳並驅中原不數步而頽然顛且蹶耳安能與之絜長而校短哉

葱嶺

葱嶺者天下之心也蓋地球形勢略如人身亞墨利加洲居坤輿之背落機山穿貫南北如脊骨然東西兩洋則腰膂也中國如肝歐洲如肺印度如心包絡澳洲非洲如兩足南洋萬島則腸胃膀胱也以今日大勢論之葱嶺之南屬英西屬俄東北屬中國此三國者皆地球最大最彊之國關天下全局之安危者也中國古籍所傳崑崙有黃帝之宮當日朝會萬國諸侯之所也山海經穆天子傳所載靈奇幻異不可勝窮傳聞異辭固難盡信度亦必有遺蹟之可攷以致夸張傳會愈久而愈失其眞佛經須彌山居天地之中日月所自出

入山頂有池曰阿耨達東西南北四水出焉是爲四海泰西舊約亞當之子孫滔洪無度天降洪水蕩溺人民有挪亞者好善而天帝預示其期乃方舟挈眷避於希馬拉雅山巔故萬國九州得留遺種山在印度之北天下羣山未有高於此者然則崑崙也須彌也希馬拉雅也皆葱嶺之異名而四海會同之靈樞秘紐也自美澳二洲外天下羣山之脈絡由此而分萬水之源流由茲而導環山之部落以十數皆勁勇好鬬負固稱雄惟其勢斷而不聯散而不聚耳葱嶺之東北則新疆南北各城也其東則青海及旄牛徼外諸番也其東南則前後藏及哲孟雄白布諸國也皆中國屢朝不憚險遠以

兵力得之者也其南則五印度西南則阿富汗皆屬於英其西則克什彌爾西北則塔什干敖罕基發諸回部皆屬於俄並峙連衡如鼎三足比來巴馬一役中國力與爭持俄人微露其機欲假道以窺印度然則西海南海雖海船可通而陸路所必爭進戰退守之要區必在葱嶺一隅之地無疑義矣謂宜由新疆青海四川西藏各督撫大臣專派妥員探測繪圖貼說務得眞形何處可以屯兵何地便於轉餉何險應守何利必興屬部若何招徠番民作何保護皆籌撥專款給予護兵假以事權寬以歲月上之樞府奬其成功庶萬里邊陲畫沙聚米制俄服英之勢皆可一覽靡遺矣至西南西北之

邊防有與此互相發明者已具於前編之末惟念葱嶺居高臨下可以自守可以攻人失之毫釐謬以千里方寸之地譬諸一身天君泰然百體從令捷足先得害亦從之他日必有控扼崑崙鞭箠四海長駕遠馭繼黃帝而開王會之圖者必執眉睫之目論以爲荒遠寥廓度外置之竊恐舉足之閒便有輕重先機旣誤後悔奚追不止如河伯之見笑於海若也

愼戰

洋務無戰法也守而已矣和而已矣夫戰之所欲者土地耳人民耳否則財利耳泰西各國相距七萬里卽犂庭埽穴得之而安能守之則土地無可貪也衣服飲食語言嗜好一切不同性質剛彊至難馴服則人民無可掠也練兵製器糜費萬千縱制勝索償而所得不敵所失則財利無可圖也惟俄與中國壤地毘連然僻遠荒寒半係不毛之沙漠勝無所得苟有敗衂其害不可勝量非有積忿深讐何樂而必出於戰也或曰通商一事實蠹中原力戰驅之以漸復閉關絕市之舊焉何爲而不可也不知此在道光以前猶可言也今輪舟

鐵道電報通行奇器巧思日新月異我之虛實四海周知區
區一國之兵安能當七八大國之環攻而迭進故在咸豐同
治而後不可言也且通商之局彼固利矣苟得其道而行之
我亦何必不利海關之稅二三千萬利於國者也紗布雜貨
日用所資利於民者也果能通商惠工務農殖貨以其所有
易其所無使出入之間足以相抵而貧民之素無生業者並
可倚爲海外之尾閭又何爲而必出於戰也或又曰戰非中
國所得已也不能戰卽不能守且不能和故以戰爲守以守
爲和戰非中國所得已也不知戰守與和名三而實一今當
事之講求戰備者詳矣南洋之海軍已著於治臺三策矣陸

路之守禦亦散見於礮臺鐵路諸篇矣苟能次第舉行則猛虎在山藜藿不采彼不敢戰我不欲戰海宇承平之局當尙不止百年耳惟慮一孔陋儒少年新進張皇輕率好大喜功以爲海外小夷有何知識我以奇謀秘術誘而納之彀中然後惟所欲爲而無能枝拒也不知泰西諸國縱橫四海用心一而更事多我惟感之以誠應之以實持之以精深堅確之氣守之以忠信明決之神自立於不敗之地而後徐觀其變焉可也不此之察欲以私智小數輕犯其鋒能發而不能收能進而不能退其不絕臏折足者幾何及舉事一不當遂使全軀保妻子之臣引爲口實畏蜀如虎避事如仇一任他國

之狎侮侵淩莫敢出一言以相齟齬乃至必爭之地必拒之求必不能從之事皆先意承志屈己而從之忍辱包羞勢成坐困隱與躁交誤操與縱皆非罔己與徇人俱失者何也則掩聰塞明不諳中外之情勢者決不足與籌交涉議邊防也此中經權常變之宜緩急後先之次千端萬緒移步換形願與天下有心人共證之爾

養民

近今百載泰西各國農工商旅百廢具興上下孜孜然不遺餘力或疑諸國僻居海外人戸無多故以機器代人工用能日臻富庶若中國則人滿爲患土地之所産不足以養貧民資生利用之源專恃手足筋骸之力故機器製造之法在泰西則可在中國則不可在海疆則可在內地則不可此言似是而實非也各國之屬地及美國巴西秘魯新造諸邦腹地人民亙爲尠少至如英倫三島大不越中國一省而民數三千萬有奇比利時瑞士二國大不過中國二府而民數各千數百萬有奇雖江淛湘鄂之閒未能比其繁庶外如德法諸

國皆人稠地狹特工商之利易米麥以養生自機器大興而一人之工足給十人之食富人出貲立廠而貧民之工作者輒數千人富民之獲利一二分而止而貧民之工資增至倍蓰什伯而未已焉故機器之興專以爲貧民計也夫中華爲萬國之首則天人之欽矚而保愛之者亦異於列邦變不虛生功不虛立其損我者其益我者也其禍我者其福我者也三代以前利用厚生法良意美地力不足以自養其禍實始於暴秦戶口加多而土地不加闢西漢則有赤眉銅馬之禍東漢則有黃巾李郭之災晉之後有六朝唐之末有五代宋元明之季流寇蔓延本朝前有教匪後有粵捻皆伏尸百萬

流血千里卽幸而精兵名將逐次蕩平而人命之傷殘已不可勝計矣夫貪生惡死者人之情也乃橫覽古今及數十年數百年而輒一亂者豈民情之好亂哉庶而不富富而不教民窮財盡游惰充斥救死不贍而亂端起矣維我

列聖深仁厚澤大德日生版圖生齒之蕃開闢以來所未有

天乃惻然憫之特闢一道焉以補君相圖維之所不及新舊金山南洋各島什九皆曠土也使行者出洋謀生而尾閭洩矣九州萬國貿遷有無製造所成銷售彌廣使居者入廠工作而食貨饒矣今論者知出外傭工之有益獨於內地興利諸事深閉固拒若將浼焉是知二五而不知十也且禁華人

之自製而不禁洋貨之來萬一他日事變所開西人於內地廣駛舟車大興製造華人喜其物豔其富貪其工貲之饒裕將使貧民百萬麕附他人叢爵淵魚何堪設想卽能永遠禁錮而生機日窒變故日紛不爲土崩終爲瓦解及事端既兆羣歸咎於氣數之適然夫爲政而不能養民民窮而至於爲盜誰司民牧顧束手而不爲之所乎因利而利雖休勿休政貴因時道宜通變聖人復起不易斯言矣

自立

邇來中國整頓海防當道之用心亦可謂勤且摯矣福建之船政剏始於前北洋之海軍踵興於後各省機器製造之局水師武備之堂鐵艦水雷快槍巨礮肇開船塢廣築礮臺亦步亦趨應有盡有此彊兵之實效也近日使命往來見聞愈拓知工商二事實泰西立國之本原於是輪船商局江海通行電報公司水陸聯接開煤鍊鐵織布紡紗部撥二百萬金為東省鐵道歲需之費此富國之初基也惟是官商各局仿效西法而綜理一切統用西人絕不思教養華人以漸收其權利夫日本東瀛小國耳通商卅載乃舉西人之所能者而

盡能之畢華人之所不能者而皆能之堂堂中國有器無人遂將蹈印度波斯土耳其之覆轍異日之隱憂深患正渺然未知所終也今之論者輒謂華人貪詐脆弱不若西人之堅忍而有恆上下翕然詘此而伸彼夫華人不可用遂可長用西人乎他日有事彼西人者果能力保其無他乎不可解已今華人之喜談洋務者大率輕薄嗜利忘厥本來而讀書明理之人或夷然其不屑以我之下駟敵彼之上駟其不及焉宜也於此而遂謂中國竟無上駟焉謬也宜於沿海諸埠廣設工藝學堂選募聰頴純正之生童分門學習其南北洋海軍招商鐵政織布紡紗及官商製造各局均宜抽撥專欵自

立學堂教練人材以儲異日之用至商務一事西人工於心計講求整頓已歷多年其防之也周而慮之也密惟壤地褊小產物漸稀中國百寶歆盈閟而未洩祇須求其在我開礦殖貨通商惠工出我什一之藏已足給其求而養其欲所謂自開其源者此也洋貨物美價廉實利閭閻之日用人情所便雖神聖不能挽回苟由內地官商購機自製官爲保護減稅以敵其來則西人服用奢華大利終爲我奪所謂自節其流者此也惟是國於天地必有與立通古今達內外無信不立無義不行今中國上下之閒相疑相遁非一朝一夕之故其所由來者漸矣爲民牧者自居於不信之地而欲民之信

我焉不得也彼此不相信而求事之有濟焉亦不可得也是故好大喜功無益也鉤深致遠無爲也教育英才轉移風會疏通壅蔽保護商民則豐財和衆之規爲郎外治內安之樞紐求之於大本大原之地要之於至簡至易之歸夫亦曰反求諸己而已矣

審機

居今日而言洋務其在我者曰務本而已矣其在人者曰審機而已矣如善奕者有先著焉爭之則勝否則敗得之則安否則危中國數十年來其失之也屢矣而事變將成輒有天幸有天津一案而法主遭擒有伊犁一役而俄王被刺有馬江一戰而法將孤拔傷亡事不相謀而機乃巧合冥漠之內若有陰爲主持者不可謂非天之獨厚於中國也惟是事會之來詎有終極人力不可不盡天功不可屢貪夫同利則相爭同害則相救者情也故公法者言理而非以言勢也言公而非以言私也言常而非以言變也苟有可伺之隙可乘之

便則讐敵固要重利卽友邦亦啟戎心如五國助土攻俄其名甚美而伯靈之約俄割其北英德奧意割其南遂使土在歐洲無復寸土法越事起局外義無偏助而英滅緬甸日擾朝鮮乘人於危公義安在所謂同利則相爭者也俄人蠶食鯨吞貪饕無厭傅之以法翼虎而飛英在南洋屢讓商埠以交歡於德巨文島西藏之事以兵力所已據而甘讓之中朝者彼環顧歐亞二洲他日之大援舍中德無能爲役耳此所謂同害則相救者也泰西之所長者政中國之所長者教道與器別體與用殊互相觀摩互資補救竊意西人忠信明決實爲立國之原而三綱不明五倫攸斁則他日亂機之所伏

卽衰象之所由成也夫君爲臣綱古有明訓西人倡自主之說置君如奕棊其賢者尙守前規不肖者人思自取若巴西諸國彼此相攻大亂方滋隱憂未艾此無君臣之倫者不足以致太平也堯典曰克明峻德以親九族中國敬宗尊祖永保雲礽西人父子兄弟之間不相收恤故貿遷各埠者數傳而後不自知爲誰氏之子孫未及百年已多淆雜此無父子兄弟之倫者不足以存種族也孟子曰不孝有三無後爲大乾坤定位夫爲妻綱西人重女輕男貧者不能昏娶兼畏室家之累絕不以無後縈懷刻雖生齒蕃昌日久終將衰歇此無夫婦之倫者不足以廣似續也之二者其事尙遠而自由

之說此倡彼和流弊已深獨俄君屢瀕於危毅然不爲所動慮他日歐洲變亂俄人乘隙并兼則餉足兵精既滅泰西必窺中國元太祖之已事可爲寒心者矣幸英德慮遠思深力屏此論旣開議院稍戢民心倡聯邦合從之謀爲曲突徙薪之計兵法曰知己知彼百戰百勝智者見遠於未萌明者避危於無形當羣雄角立之秋稍有短長立分優絀不有高世之才絕人之識用法而不泥於法制人而不制於人則剛柔輕重之間必有豪釐而千里者茫茫天壤同志何人曠代人豪於今有幾此曾女杞人之憂所由扼腕憮心而不能已已也

教民

嘗取西書而徧讀之矣雖所見有淺深所譯有工拙而均有至賾之數至簡之儀至顯之情至微之理其庸陋惡劣一無可觀者則教書而已矣閱舊約新約諸編知西教源流實根於墨子摩西者墨翟之轉音也出埃及者避秦之事也是知愛人如己卽倘同兼愛之心也七日拜天卽天志法儀之論也衣衾簡略卽節用節葬之規也壁壘精堅卽備突備梯之指也經說上下爲光學重學之宗句讀旁行乃西語西文之祖其天堂地獄一說本非命明鬼諸篇乃竊釋氏諸餘以震驚流俗而充其無父之量不憚自棄其宗親蓋墨氏見距於

聖門轉徙遷流而入西域其抱器長往者遂挾中國之典章文物以俱行也比年法國藉護教爲名乘隙以陰謀入國如越南馬達加斯加者舉國皆教民法人振臂一呼亂者四起其於歐洲及中國亦猶是耳惟中國聖教昌明流螢爝火之光見太陽而自息下喬木而入幽谷稍有知識者所不爲彼所得者皆頑鈍無恥之徒借以爲逋逃之藪其牧師神甫又復不問是非曲爲庇護遂使朝野上下聞聲畏惡望影譏彈其黨惡也益堅其蓄怒也愈甚而各省教堂之案遂往往敗潰決裂而不可勝窮清斯濯纓濁斯濯足矣自取之也故通商者西人之智也傳教者西人之愚也欲假傳教以蠱中國

則尤愚之愚也彼教王亦知之矣其言曰中國教民未歸法國保護之前數溢百萬自法以護教之故動以兵威相挾致教民之數驟減五十萬人乃議何國教人卽歸何國保護法亦自以教事開釁德人地蹷王禽改爲民主各國悉教人之害並嚴定限制禁其滋事侵權教王之都城義大利乘機規復防閑稽察跡等拘囚教餤之哀如此而中國官吏猶以昔日之教民視之是何異畏虎豹者見其鞹而神驚魄悚也宜彙查諸國限制之法斟酌情勢擇善而從約而舉之有四事焉一入教之民應稽覈數教堂教產何地何名二日後入教者應先報所在官吏以便保護三教堂之內謠詠繁興應縱

外人游觀並由官吏查察則疑謗自息四遇有詞訟之事教民應與凡民一律毋許擅用西禮致爲衆怨所歸以上四端杜漸防微具有深意而地方官吏稿知其數亦可思患預防免致事變旣成辦理諸形棘手所謂擊中則首尾俱應者也至於人心之嚮背教務之興衰有莫之爲而爲莫之致而致者彼泰西諸國之君臣固亦不能强制其民矣而况中國神靈首出之邦教化盛行之地而能以威驅勢廹强不齊者而使之齊哉横逆之來理遣情諭彼囂張僨事與畏葸無能者均未識因物因心之妙用爾

聖道

書曰天佑下民作之君作之師自開闢以來神靈首出而作之君者黃帝是已其持世約二千五百年今中國四萬萬之民皆高陽氏之苗裔也厥後堯舜禹湯文武聖哲代興南朔東西畏神服教飲和食德至於春秋之季而諸侯力政相攻天下泯泯棼棼日趨於亂天於其時生一孔子以布衣而作之師則古昔稱先王祖述憲章而垂爲教法與及門三千之士七十子之徒刪詩書訂禮樂繫易象修春秋雖西狩獲麟阨窮終老而大成至聖天下宗之由孔子而來至於今蓋亦二千有餘歲矣然後地球萬國光氣大通象數西行復歸中

國孳言淆亂急待折衷必將有聖人焉合黃帝孔子爲一人所爲政教同源君師合德者巍巍翼翼炳炳燐燐其爲期當亦不遠也西醫花之安者德之耶穌教人也居粵東四十年於中國聖人之書熟讀深思稿有心得嘗謂天下之最大者三教天主天方及儒教是已其徒皆萬萬人其行皆數萬里其意則皆勸人爲善而已矣然天主有舊教有新教教內教外判若鴻溝袒庇同人觝排異已爭教而戰殺人盈城天方教之用心尤爲狠戾惟中國孔聖人之教至大至公不迎不距有責備賢者之說雖文章冠世不能逃淸議之嚴愚夫愚婦目不識丁偶有一節之長益將贊歎咏歌而不能自已是

教內教外無分也夫立教以便人也今不惟不便而已逞一朝之忿亡其身以及親上逆天心下殘人命竊意五百年後聖教將徧行於地球而天主天方終將歇絕衰微而不能自振也彼教人也而其言如此竊嘗縱横宇宙上下古今而深思其故矣中國之道教印度之釋教日本之神道教此亞洲之教也阿剌伯之回教泰西之火教天主耶穌希臘各教此歐洲之教也皆有體而無用或有己而無人甚則倚勢作威權侔人主如耶穌基督則禍及其身謨罕默特則行不義殺不辜弒君而奪位若老莊釋氏之屬則又游心方外使上棄其國下棄其家率天下於虛無寂滅之中而人類或幾乎熄

矣夫聖人之心天心也聖人之道天道也惟我孔聖人之教與人無患與世無爭奄有衆長而不稍淪於空寂得之則治失之則亂并包萬善而不稍假夫威權無始終無成毀無邊際無端倪天而不欲萬國之民永生並育長治久安則亦已耳苟天道好生人心思治則舍我中國之聖教無由也宜及此時上下同心修明學校博采泰西制器尙象之理彊兵富國之原使天下萬世之人不得議其迂疏而實效精粗一貫本末同歸則我黃帝之子孫孔門之弟子將方行於四海充塞於兩間成古今大一統之閎規創億萬斯年同文同軌同倫之盛業也懿與休哉拭目而俟之矣

庸書內外篇自敘

孔子曰君子之德風小人之德草草上之風必偃上有好者下必甚焉宋臣蘇軾曰謀國者定所嚮然則天下之治亂安危定於人主之意嚮而已矣六十年來萬國通商當代才賢競言洋務而持正守舊之士又復深閉固拒以絕口不言西事爲高夫君子求諸己小人求諸人內治旣清則外憂自息不言誠是也而今之矯矯然自命正人者大抵掇拾補苴敷衍粉飾毛舉細故網漏吞舟及事變旣來辱國辱身茫然無所措手足有能興利除弊後樂先憂默契天心修明

祖制以實不以文不師其迹師其意者乎無有也其號爲通

洋務者又以巽愞爲能以周容爲度以張皇退葸爲功言交涉則講求於言語文字交際晉接之間屈己伸人以苟求無事言海防則鰓鰓然儆精竭財於利礮堅臺魚雷鐵艦之屬歲擲帑金千萬以苟且僥倖於一時棄其菁英而取其糟粕遺其大體而襲其皮毛朝野上下閒塡然狘然訾然囂然欲求一緩急可恃之才而竟不可得盈廷聚訟築室道謀內治外交兩無實際天下人亦相與詬而病之非而刺之詆而排之斷斷然而爭憧憧然而亂而舉世民窮財盡風敝俗偷深患隱憂窅然未知其所終極則

上之意嚮不定而下之奉行而挾持之者殆亦不得辭其過

矣夫外患之與內憂其事常相因其勢常相積當夫循生迭起庸人痛心疾首束手而無可如何而豪傑之士不世出之英正藉以對鏡參觀一試其錯節盤根之利器何則木必先腐也而後蟲生之則外患之來必繇於內政之尙有所闕也外甯必有內憂曷釋吳以爲外懼則內憂之伏正可倚外力以陰持其終也君子觀於前此議約之非人與今日伏莽之不能爲患而其故曉然矣今之外患其惠我中國者猶不止此有物焉古有而今無者彼舉而歸之有事焉彼明而我昧者彼擱而示之我有民不能自養將釀爲刀兵疾疫彼招之而使去是海外之尾閭也我有利不及自興終棄於土石榛

蕪彼餂之而使開是迷塗之鄉導也其損我者其益我者也其新奇之理皆古聖之遺也然則我之所以應之者不必言外交也言內治而已矣內治何在覈名實明政刑興教養諸大端而已矣然其閒亦自有辨東南多水通商諸國英爲大彼方擅重洋之全利倚中國爲奧援數十年閒保無兵事我第振興商務開拓利源出土地之所藏以輿之徵逐互市而已無餘事矣今之整飭海防紛紛然其不憚煩者皆虛器耳西北多陸緊與我鄰者惟俄羅斯其父子祖孫君臣上下方併心一意得寸得尺窺我堂奧而潰我藩籬其未敢顯然開釁者相距寫遠轉運艱難故四顧躊躇尚有所待耳比年俄

在泰西黑海之口屢爲英德所扼不得不改轍而之東故竭通國之金貲經營西伯利亞之鐵路此路成後不惟朝鮮東省不能安枕卽內外蒙古以袞絡新疆西藏皆日在風聲鶴唳之中而蒙古各盟溺於黃教強弩之末魯縞難穿北省荒涼重賴東南之接濟兵非倉卒所能練饟非旦夕所可籌他日禍變所生有出於尋常意計之外者然則何以應之曰置鎭與屯開設鐵路而已矣今者彼之邊境自開鐵路我不能禁之也我則築路增屯彼亦無能禁我也若鐵路既成兵力既足則一舉一動西鄰皆有責言欲愼固防維則慮開邊釁欲聽其侵軼則以肉飼虎肉盡而其欲未盈昔百戰艱難而

得之今一旦因循而棄之禍首罪魁何以自解於天下後世哉故彼之鐵路將成未成之際自强之先著救敗之微權總此矣夫難能而可貴者時也稍縱而卽逝者機也可直而亦可以曲者理也可得而不可以失者勢也今之言洋務者兢兢於海防而不知其本原乃在商務也汲汲於東南而不知其要害乃在西北也不知不可謂智知而不言不可謂忠矯之者掩聰塞明激爲孤憤卓然自命吾道之干城也然所學者時文試律楷書而已入官而後所窮年矻矻者簿書錢穀文移期會而已不知古不知今不知己不知彼自矜意氣而不知國事之不可以僥倖嘗也自博名高而不知天意之不

可以空言挽也卽事殊勢迫以一死繼之於國家復何裨補而況乎富貴利達之心身家子孫之念有以蠱其心而奪之氣乎激與隨交病通與蔽皆非守舊與圖新兼失而天下之大萬民之眾自中達外通時務者若曠無一人焉則膠固而不通優游而不斷虛浮而不實偏倚而不周昧於本末始終緩急先後之序者決不足以轉移運會宏濟艱難也熾束髮授書留心當世之務自髫齔至於弱冠聞長老述庚申之變亦常流涕太息深惡而痛絕之壯年奔走四方周歷於金復登萊江浙閩粵沿海諸要區大埠登澳門香港之巔覽其形勢詗其情僞詳其戰守進退分合之所由然復博采之巳譯

之西書廣徵諸華人之游歷出使者參稽互證悉其統宗然後知內也外也無外之非內也一而二二而一者也不揣固陋作爲庸書內外百篇略明其指區區之意所望於當世公忠直諒讀書明理之君子去其矜情及其驕氣各竭其耳目心思之用識大識小博通今古總持全局以宏其志業而定厥指歸則無內無外無古無今無人無我一以貫之耳南華之內篇曰唯達者知通爲一爲是不用而寓諸庸庸之者用也用也者通也通也者得也適得而幾矣因是已已而不知其然謂之道此長治久安之本計招攜懷遠之先聲即居中馭外西被東漸之權輿嚆矢也我

朝厚澤深仁淪浹於斯世斯民者至闊且久方今
聖明在上愛養黎元各省水旱偏災發帑截漕有加無已
湛恩汪濊洋溢寰區民氣彊矣邦本固矣天眷隆矣及此時
綜而理之會而通之敷而宣之舉而措之如絲就緒萬變而
不紛若網在綱有條而不紊國於天地必有與立雖有良法
不能自行得人則治失人則亂伊古以來未有能易之者也
易窮則變變則通通則久先天而天弗違後天而奉天時知
進退存亡而不失其正者其惟聖人乎書曰知之匪艱行之
維艱詩曰予其懲而毖後患又曰亹亹我王綱紀四方夫子
曰欲載之空言不如見之於行事之深切著明也斯則欽欽

悃誠所爲穆然以思復不禁殷然以望者也謹敘